创意乐高：
搭建梦幻跑车模型

［意］马蒂亚·赞波尼，［意］乔治·潘特隆／著
阚媛媛／译

中国纺织出版社

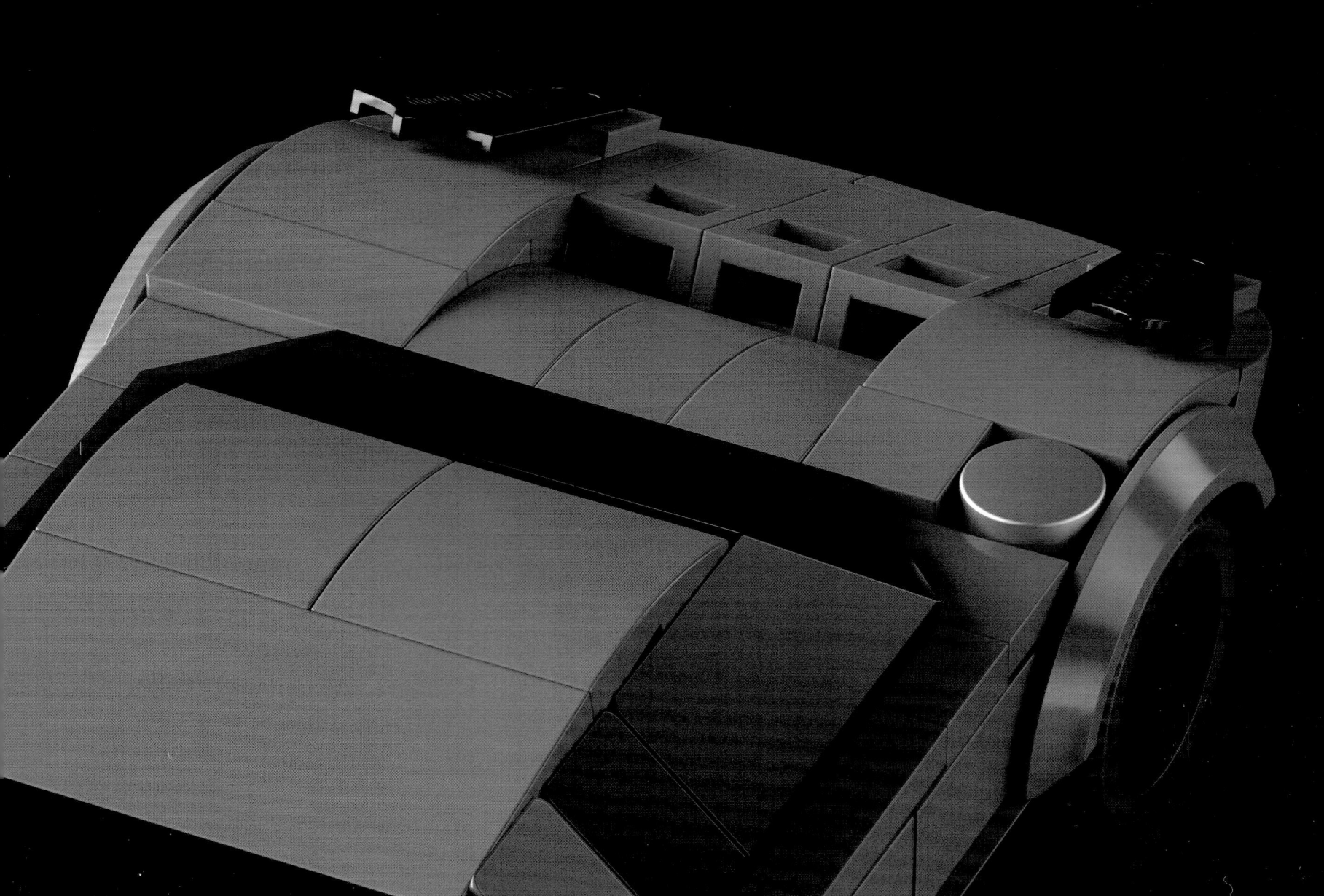

原书名：Auto da sogno LEGO
Illustrator: Mattia Zamboni
Author: George Panteleon
Copyright © 2017 Snake SA, Switzerland—World Rights
Published by Snake SA, Switzerland with the brand NuiNui
© Copyright of this edition: China Textile & Apparel Press
This simplified Chinese translation edition arranged through
COPYRIGHT AGENCY OF CHINA
本书中文简体版经Snake SA授权，由中国纺织出版社独家出版发行。
本书内容未经出版者书面许可，不得以任何方式或任何手段复制、转载或刊登。

著作权合同登记号：图字：01-2017-6708

图书在版编目（CIP）数据

创意乐高：搭建梦幻跑车模型／（意）马蒂亚·赞波尼，（意）乔治·盘特隆著；阚媛媛译. --北京：中国纺织出版社，2019.6
书名原文：How to Build Dream Cars with LEGO Bricks
ISBN 978-7-5180-5405-3

Ⅰ. ①创… Ⅱ. ①马… ②乔… ③阚… Ⅲ. ①智力游戏 Ⅳ. ①G898.2

中国版本图书馆CIP数据核字（2018）第211633号

策划编辑：阚媛媛　　　　　　责任编辑：李　萍
装帧设计：培捷文化　　　　　　责任印制：储志伟

中国纺织出版社出版发行
地址：北京市朝阳区百子湾东里A407号楼　邮政编码：100124
销售电话：010—67004422　传真：010—87155801
http://www.c-textilep.com
E-mail: faxing@c-textilep.com
中国纺织出版社天猫旗舰店
官方微博http://weibo.com/2119887771
北京华联印刷有限公司印刷　各地新华书店经销
2019年6月第1版第1次印刷
开本：787×1092　1/16　印张：11.5
字数：204千字　定价：88.00元

凡购本书，如有缺页、倒页、脱页，由本社图书营销中心调换

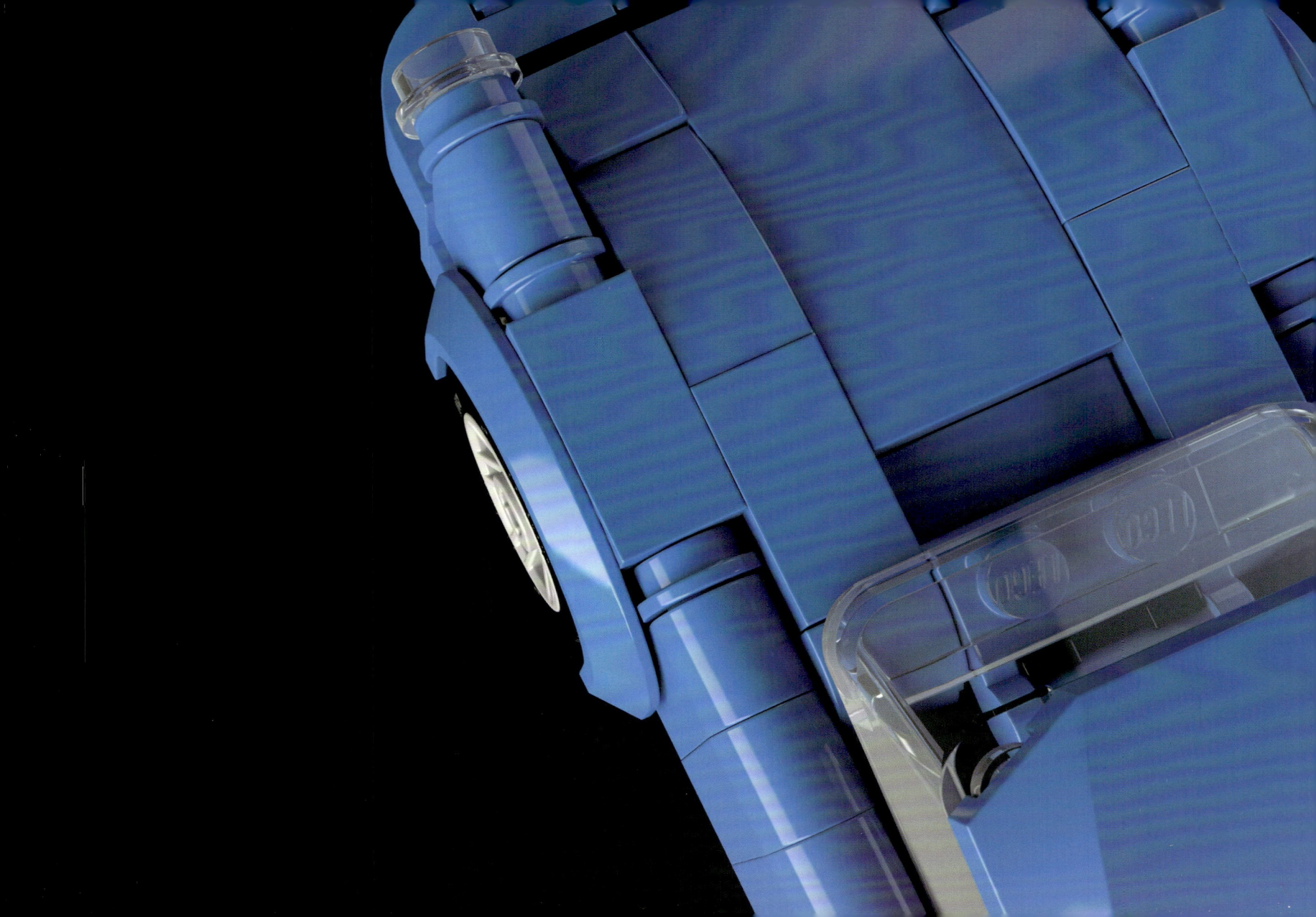

致谢

首先，我要感谢NuiNui出版社的马切洛（Marcello）邀请我参与制作这本与我最热爱的汽车相关的书籍。其次我要感谢为这本书付出最多心血的乔治·潘特隆（George Panteleon），感谢他致力于创造出这么多梦幻般的乐高车型，感谢他为制作这本书中的模型度过了无数个不眠夜。同时我也要感谢CAD大师达米安·鲁克斯（Damien Roux）为这些乐高模型制作了高清的CAD效果图。最后，再一次感谢每一个帮助过我完成这个系列所有书的人：MAX脚本社区的丹尼斯·特罗夫莫夫（Denis Trofmov），为我的CG脚本提供了基础代码片段；LDraw社区的特里·沃桑迪（Trevor Sandy），他不断致力于改进用于构建指令的LPub3D软件；罗伯特·兰斯代尔（Robert Lansdale），他的Okino图形转换软件提供了宝贵的支持；帕特里·克罗塔（Patrick Rota），帮助我使用Python脚本工具；还要感谢纳尔逊·佩因苏（Nelson Painço），因为如果没有他多年前的最初的支持，我的作品不会如此逼真。特别感谢我的好友兼同事奥利弗·阿夫拉姆（Oliver Avram），用他专业的汽车知识来协助我；以及感谢纳撒埃尔·库佩斯（Nathanael Kuipers）在项目初期的帮助。感谢整个NuiNui团队的鼎力协作并且给予我自由发挥的空间。感谢我的孩子们——莱昂纳多（Leonardo）、露娜（Luna）和佐丹奴（Giordano），感谢他们与我这个一直在笔记本电脑上工作的父亲一起待了很长时间。最后，我要感谢在背后默默付出和支持的我的太太菲比欧拉（Fabiola），衷心地感谢你。

感谢你们所有人给予我的宝贵支持！

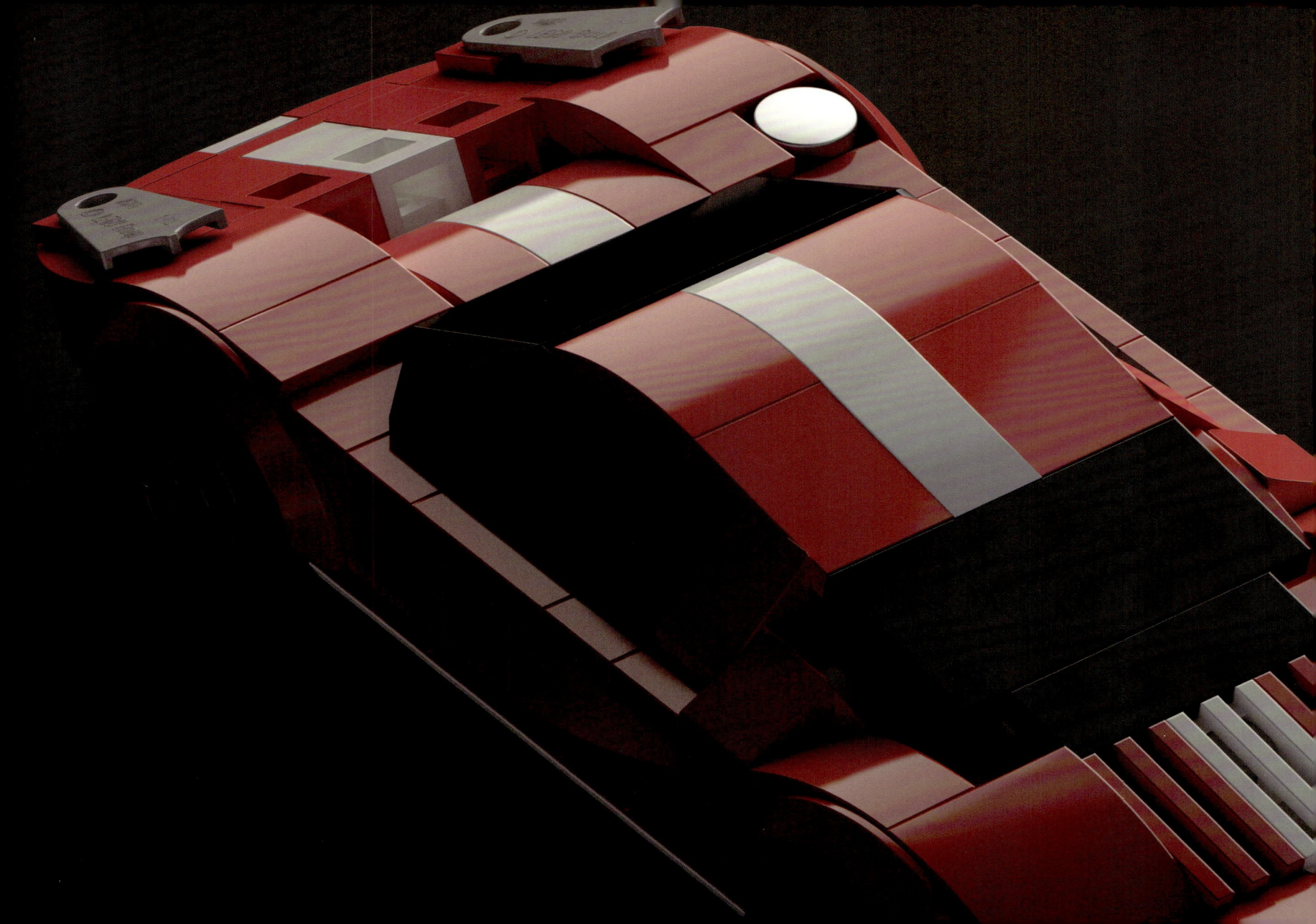

作者介绍

马蒂亚·赞波尼（MATTIA ZAMBONI）

马蒂亚·赞波尼对计算机图形学、摄影和汽车都有着极大的热情，同时他也是一名乐高搭建爱好者。他已经撰写过几本乐高搭建书，包括 *LEGO® Build-It Book* 系列，*Tiny LEGO® Wonders*，以及为其他乐高作品的发表做出了贡献。他是瑞士意大利乐高用户组（SILUG）的成员，曾担任乐高大使的职位。他目前是瑞士南部应用科学与艺术大学机器人实验室的研究员，从事人工视觉系统的研究。业余时间，他还研究3D计算机图形学。

个人主页：www.brickpassion.com

乔治·潘特隆（GEORGE PANTELEON）

在希腊出生和长大的乔治·潘特隆是一名海军工程师，但是搭建乐高是他最爱好的活动。多年来他创作了一系列从汽车到大型雕塑这样的等比缩放作品。他的作品曾在多本乐高书和杂志中亮相。他在乐高社区里的名字是泽托·夫斯（Zeto Vince）。他是希腊乐高用户组的联合创始人和执行成员，该组织经常组办和赞助在希腊举办的各种乐高推广活动。

可以在www.instagram.com/zetovince和Flickr上查看他的作品。

序

如果你觉得买成套的乐高太贵了，那就自己组装吧！

梦幻跑车的主题让全世界的乐高玩家们都兴奋不已，也包括本书的作者。所有汽车爱好者都幻想有一天可以驾驶、甚至拥有一辆梦想跑车！但是在那之前，你可以先试试在这本书里寻找乐趣。

在本书中你可以看到许多史诗级的汽车，毫不夸张地说，这些汽车都曾创造过历史。仔细阅读每个汽车模型的简介、配置参数和品牌故事，然后卷起袖子准备开始搭建吧！一边搭建出书中所有的模型，一边学习搭建的技术——例如制作缩小比例模型的基础是维持其特征线，使它们可以被立即识别——感谢有这些细节描述和一步一步解说的操作指南。所以准备好释放你的创造天赋来搭建你的梦幻乐高汽车吧！

扫描每个作品页的二维码，可以下载如下内容：

一个Excel表，其中列出了您需要的乐高零件。

一个MP4格式的视频文件。

一张可直接上传到www.bricklink.com网站.bsx格式清单，您可以直接购买需要的乐购零件。

更多信息，您也可以查看指定的网站。

www.brickpassion.com/lego-dream-cars

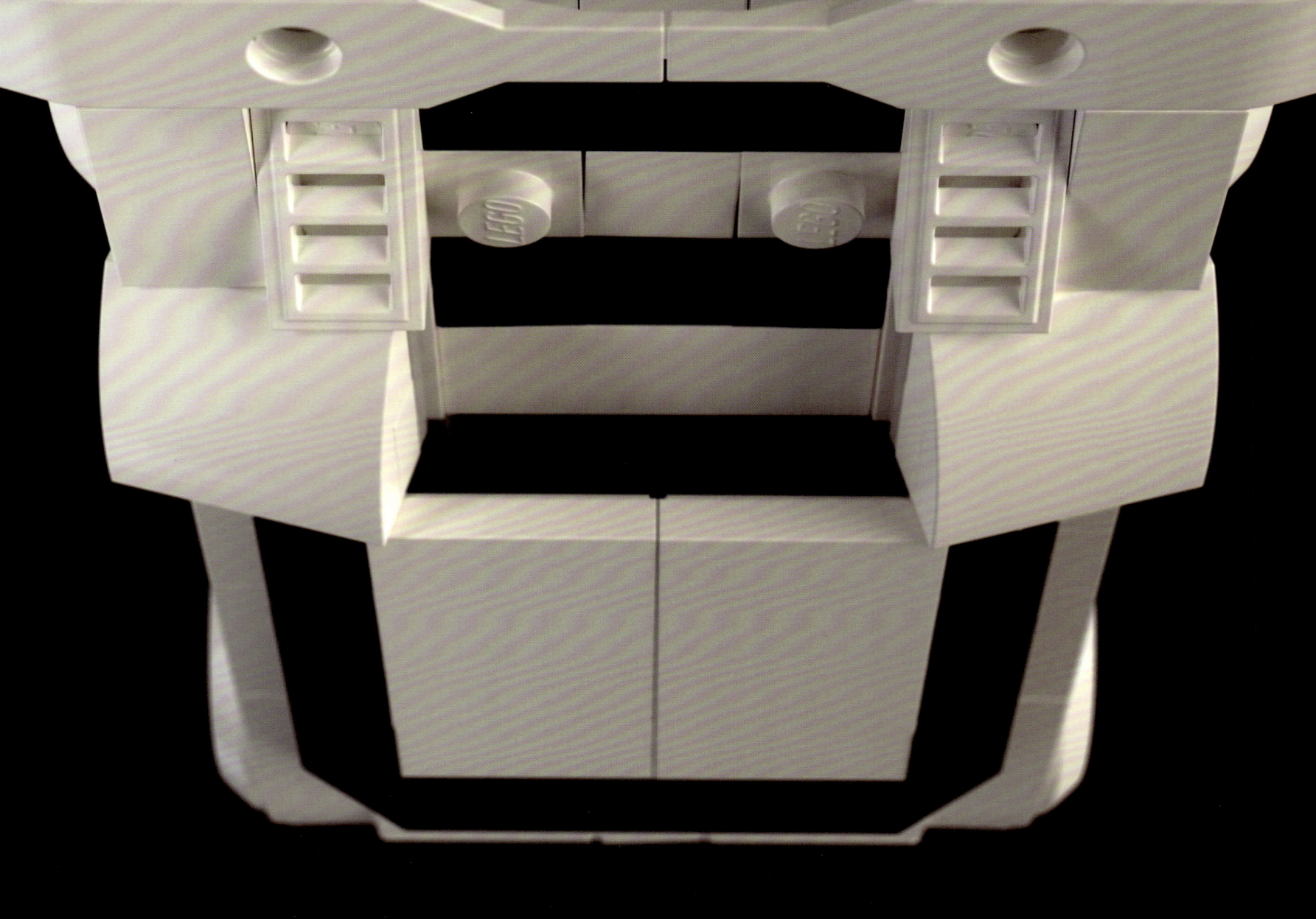

扫码看教程

Table of contents

PAGE 14
PAGE 30
PAGE 46
PAGE 62
PAGE 78
PAGE 94

道奇Charger R/T

品牌故事

在运动型轿车横扫美国的20世纪60年代，Charger是道奇对"肌肉车"交的一份答卷。1966年推出的Charger3年之后又推出了第二代，然后是'69，从此风靡至今，成为这个系列的明星款。有着威风的尺寸和坏男孩般的前脸的Charger从一众车型中脱颖而出，独特的"电动剃须刀"式的进气格栅完全覆盖了前车灯。

为巩固道奇"肌肉车"形象而推出的Charger R/T（Road/Track），拥有最强的配置——配备了强劲的7.2升440马力的马格南发动机（经过适当改装，可以完成烧胎），也可以选择拥有半球形燃烧室的7升HEMI发动机。

有几款Charger曾经参加过美国纳斯卡车赛（NASCAR），都取得了不同的成功，但是这绝不会损坏这个品牌的神话形象。毕竟这种形象是在赛场之外的影视剧里诞生的。如此一来Charger '69在更广泛的公众中确保了不朽的名声。谁不记得电视剧《正义前锋》中车顶上的联盟旗图案上明亮的橙色字迹——"李将军"，它的疯狂特技，虽然有些做作，每集都破坏了好几辆车，破坏量之大使得在拍摄该系列剧集的过程中用到的300辆车，到最后仅剩下不到20辆。也不要忘了在燃爆荧幕的超时代巨作《速度与激情》中，正是Charger的固有的这种速度优势和竞争优势赢得了最终的胜利。美貌、力量和影视剧中的精彩表演，成就了Charger的神话。

汽车配置

通用性描述：
生产年份：1968~1970
产量：89,199辆
均价：3,600美元
今市值估价：33,100美元
前身车型：Charger一代
后续车型：Charger三代

物理性能：
车身尺寸：5303.52mm × 1341.12mm × 1950.72mm
重量：1780kg

动力：
最高车速：230km/h
百公里加速：5.6s
油耗：28L/100km

发动机参数：
气缸数：V形8缸
排量：6.97L
发动机功率：317kW
驱动：后轮驱动

道奇Charger R/T

扫码看教程

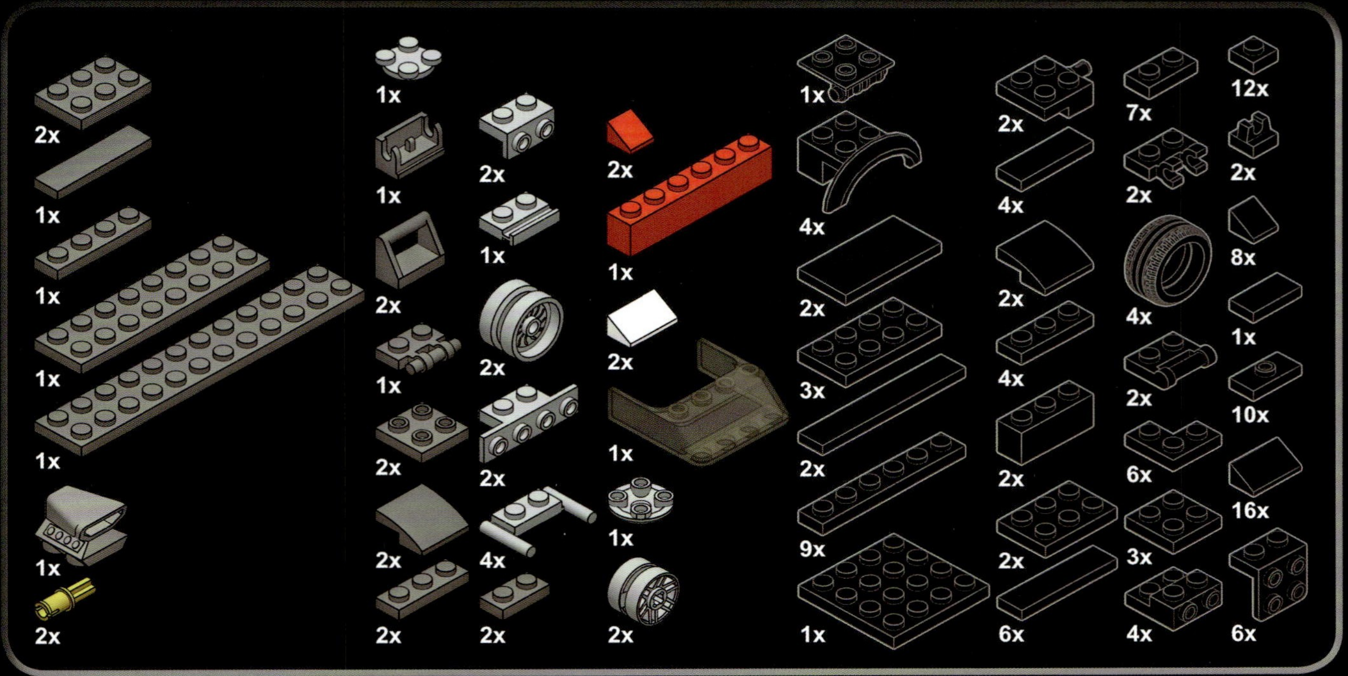

难度级别

道奇Charger R/T

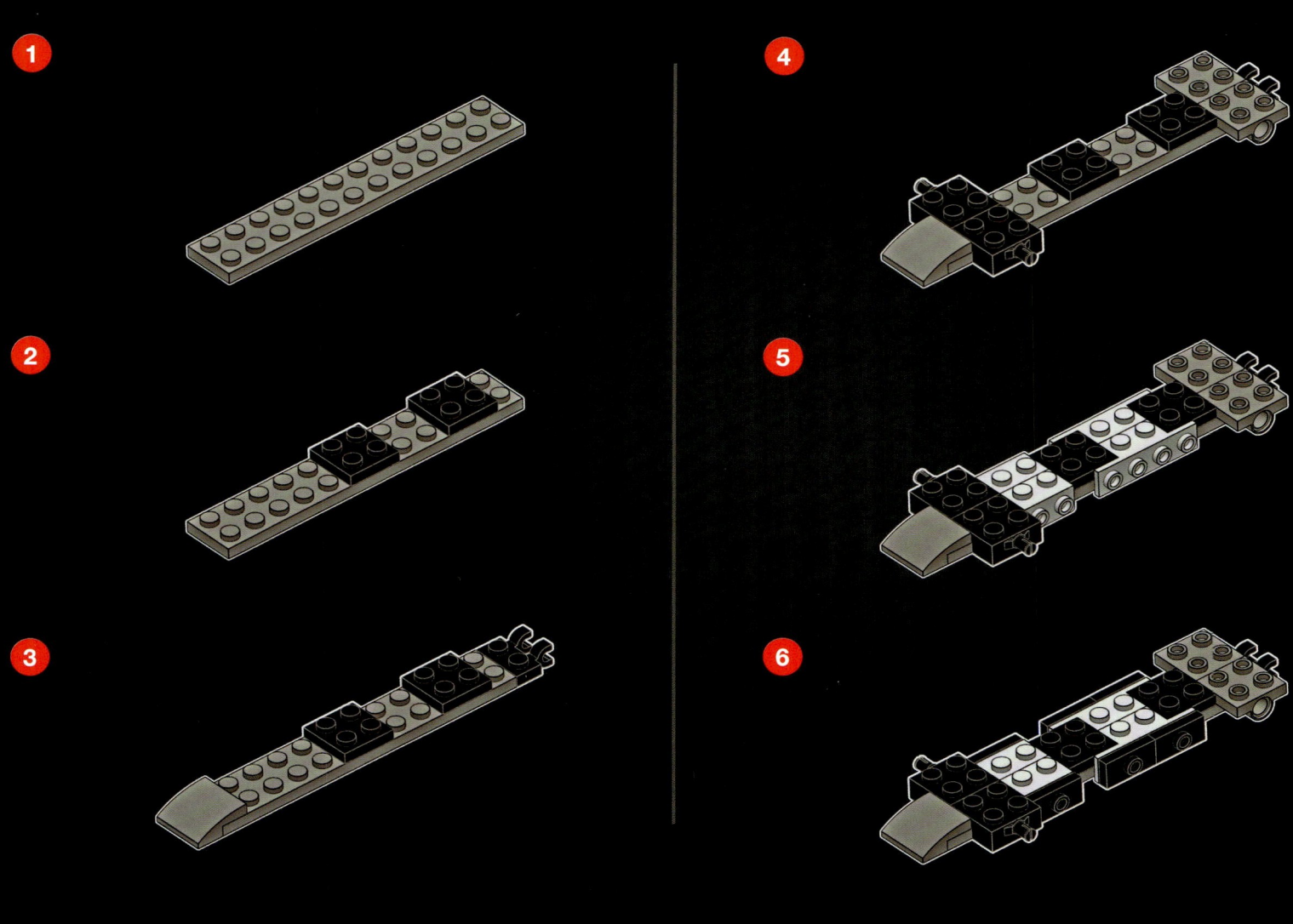

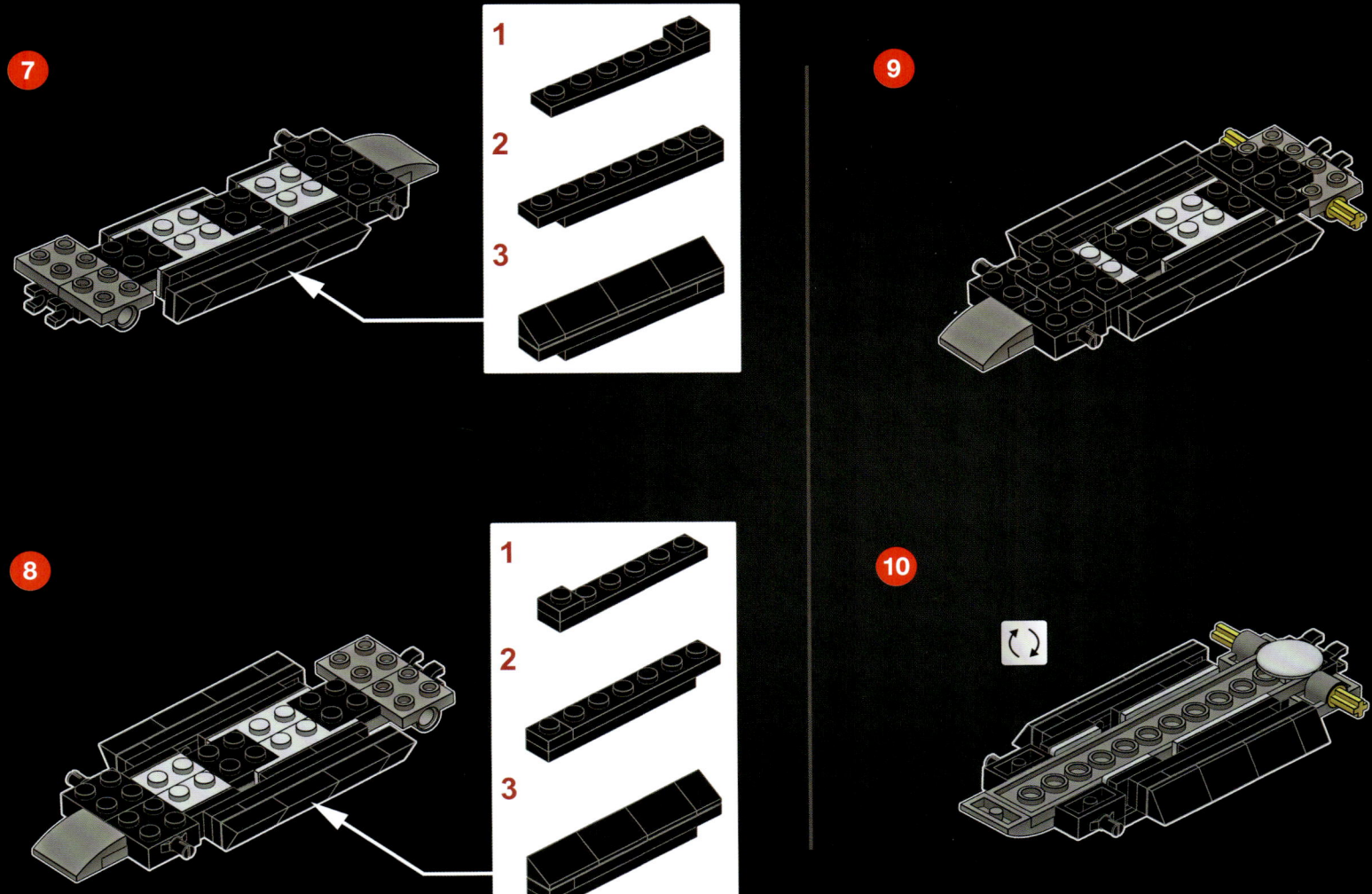

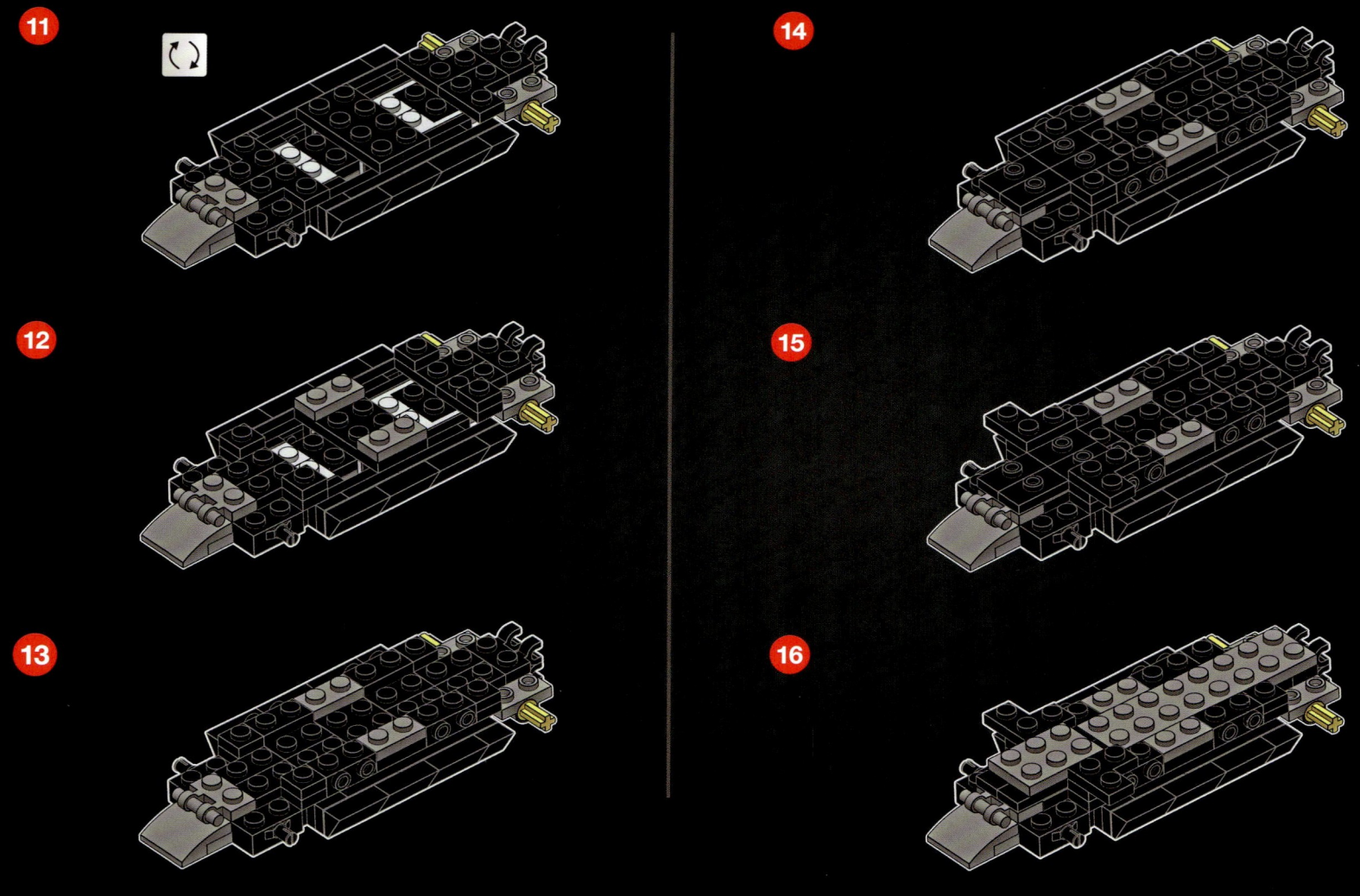

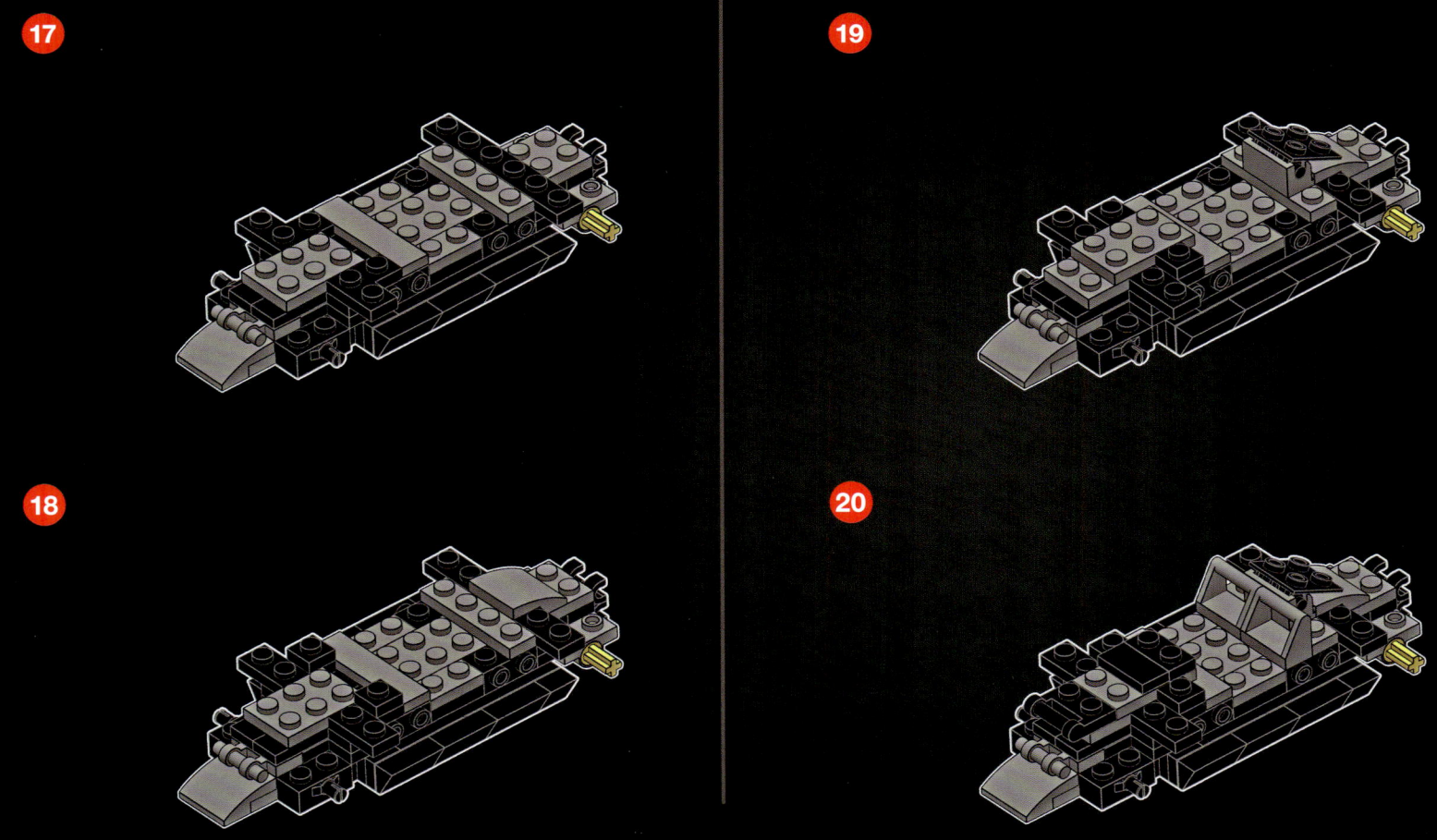

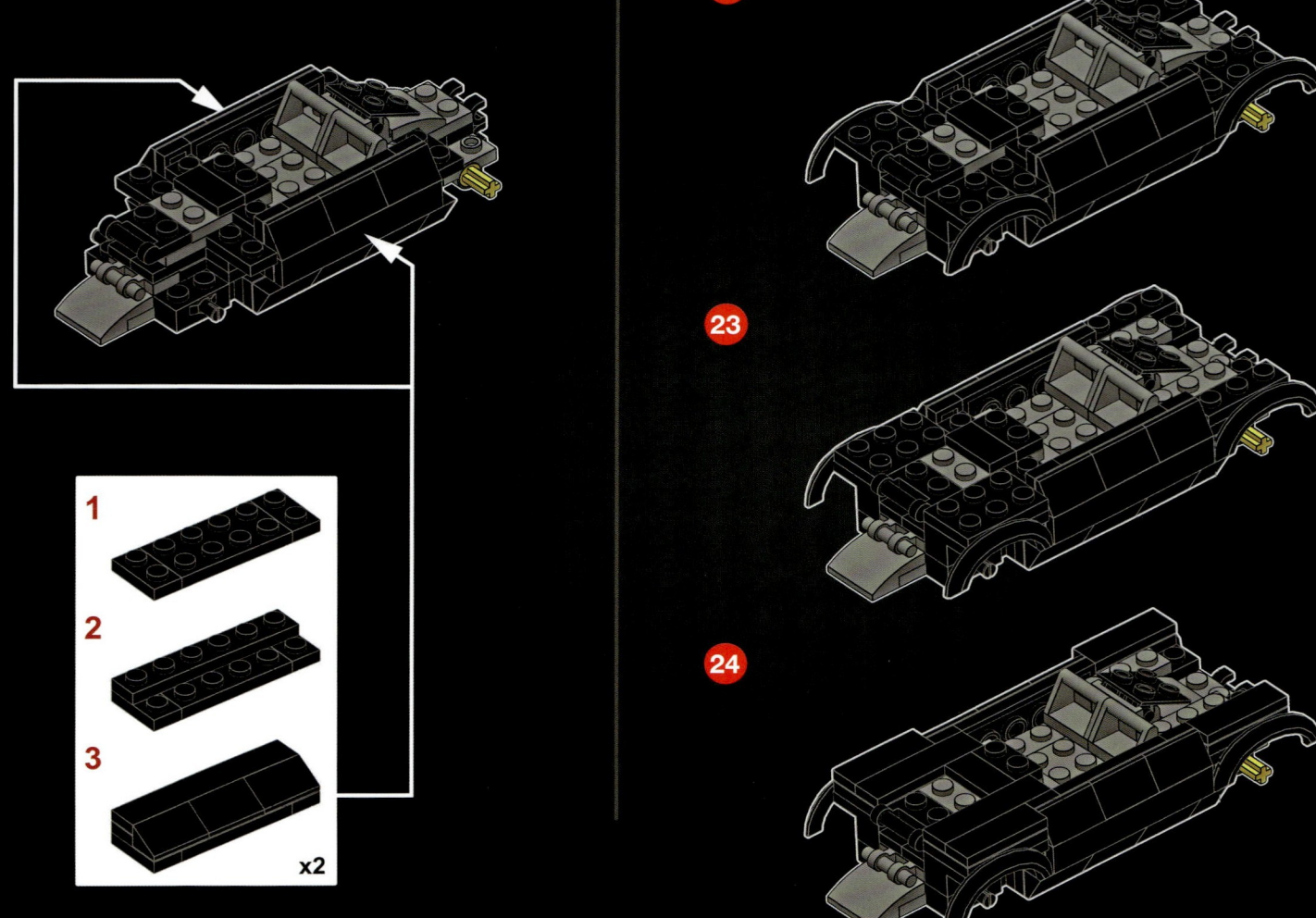

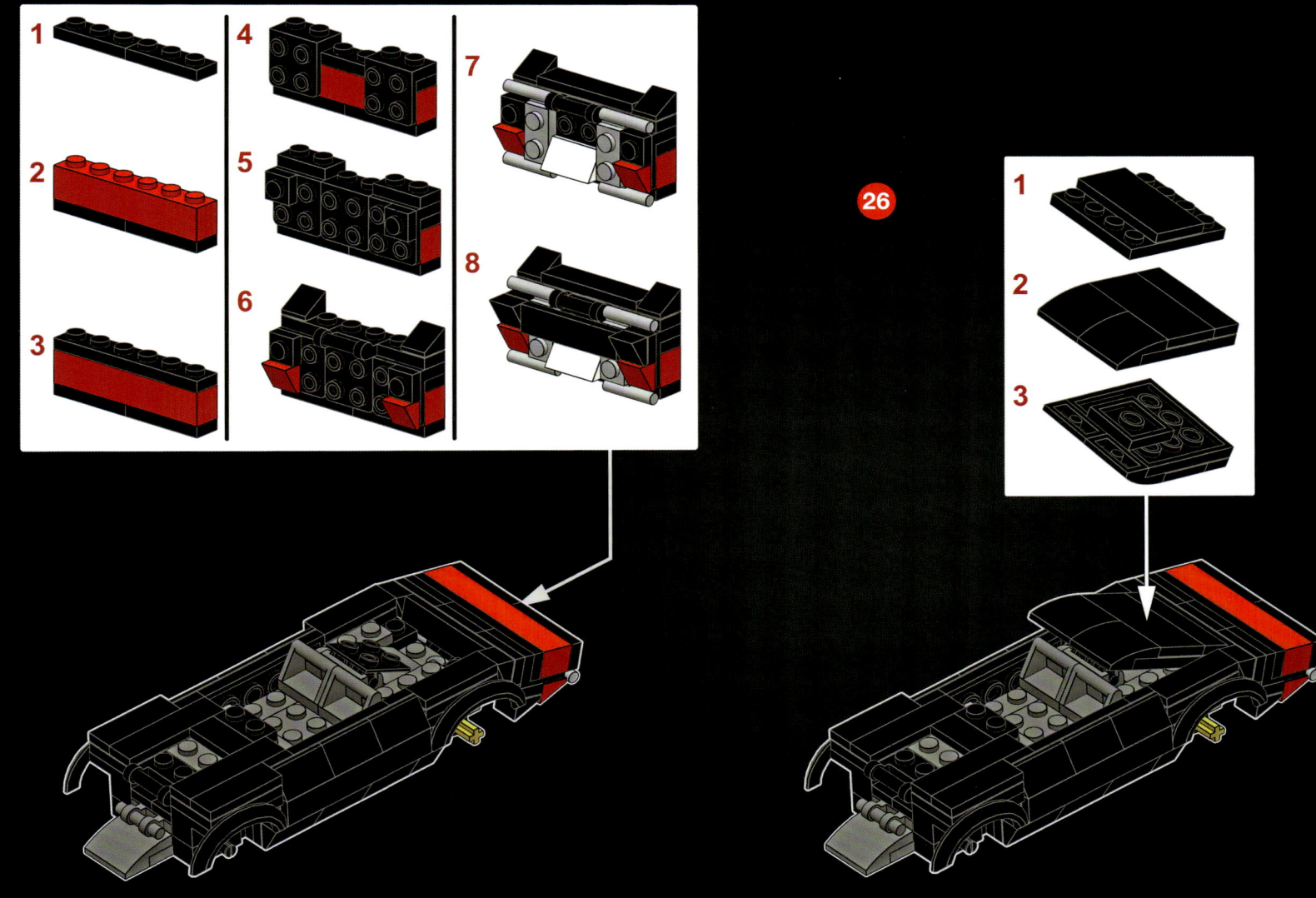

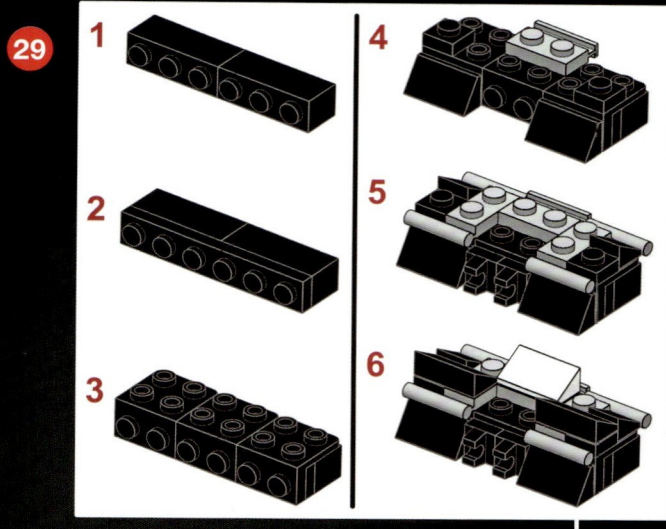

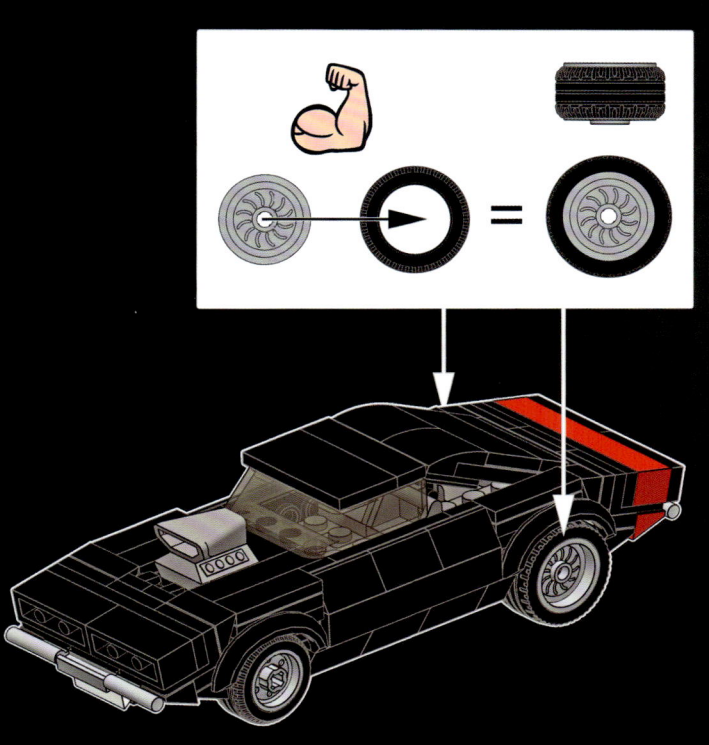
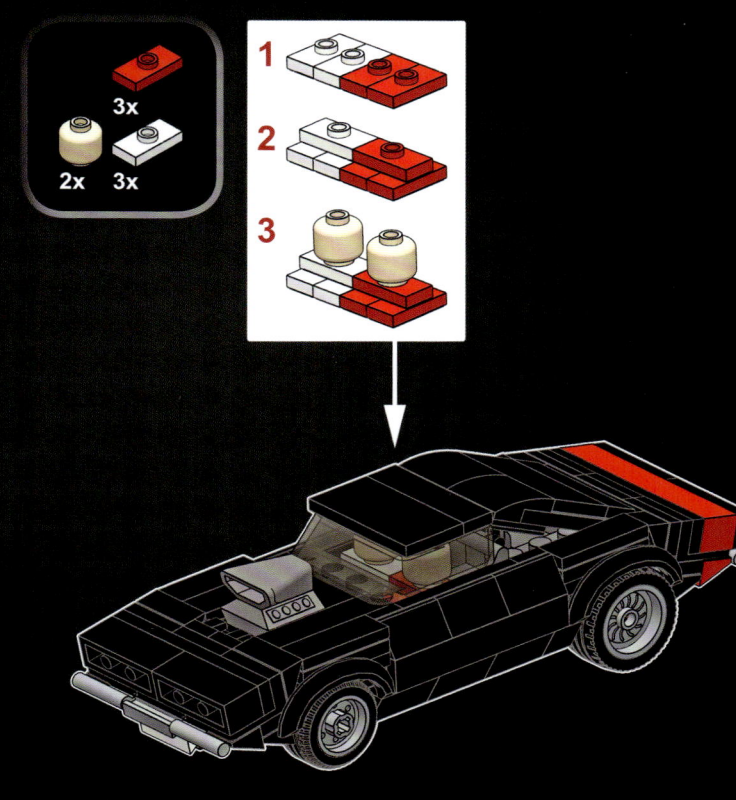

B 小彩蛋

其他药产

CORVETTE

科尔维特 Stingray

品牌故事

备受追捧的运动型跑车之一的科尔维特 Stingray (C3) 是以漫威超级英雄黄貂鱼的形象为原型的概念车，于1963年由拉里·信田（Larry Shinoda）研发设计。它属于雪佛兰第三代科尔维特，因此被命名为C3。这一代也被称为鲭鲨二号（Mako Shark II），一个非常合适的名字，因为它的设计灵感源于可怕的灰鲭鲨的形态以及颜色。Stingray车型生产于1969~1976年，处于空气动力学设计的顶峰时期，它所配备的V8大排量发动机能产生430马力，是科尔维特的最高性能的标志。Stingray从1969年开始就在适合长距离高速行驶的豪华轿跑车的对比中脱颖而出。

被赋予了掠夺者的优雅和先进技术的Stingray是未来科尔维特的先驱，因此，直接演变成了大众版的科尔维特 C3。然而，由于实施了催化式排气净化器和排放控制的新规范，限制了其发动机的最大功率，使其发动机尺寸一再被改小，最终在1982年变成了200马力的小缸体发动机。

尽管如此，功率的下降并没有带走半点神话的传奇色彩，正如我们从两个奇怪的事实中看到的那样：尽管雪佛兰努力对汽车的发布严格保密，但是1986年款的科尔维特以1：64的模型还是比车展早一步出现在玩具店里为大家所收藏；在历史上的某个时刻，科尔维特成为了"宇航员专用车"，因为很多宇航员都将它作为必选车。这相当于是免费的宣传广告，尽管这看来更像是航天中心附近的汽车零售商为了说服宇航员购买科尔维特，而给了他们一个特殊的优惠价格。

汽车配置

通用性描述：
生产年份：1968-1982
产量：542,741辆
均价：4,663 (1968年) ~ 18,290(1982年)美元
今市值估价：19,700~43,300美元
前身车型：Stingray C2
后续车型：Stingray C4

物理性能：
车身尺寸：4602.48mm × 1767.84mm × 1219.2mm
重量：1597kg

动力：
最高车速：209.3km/h
百公里加速：6.9s
油耗：19L/100km

发动机参数：
气缸数：V形8缸
排量：5.35L
发动机功率：220kW
驱动：后轮驱动

CORVETTE

科尔维特 Stingray

扫码看教程

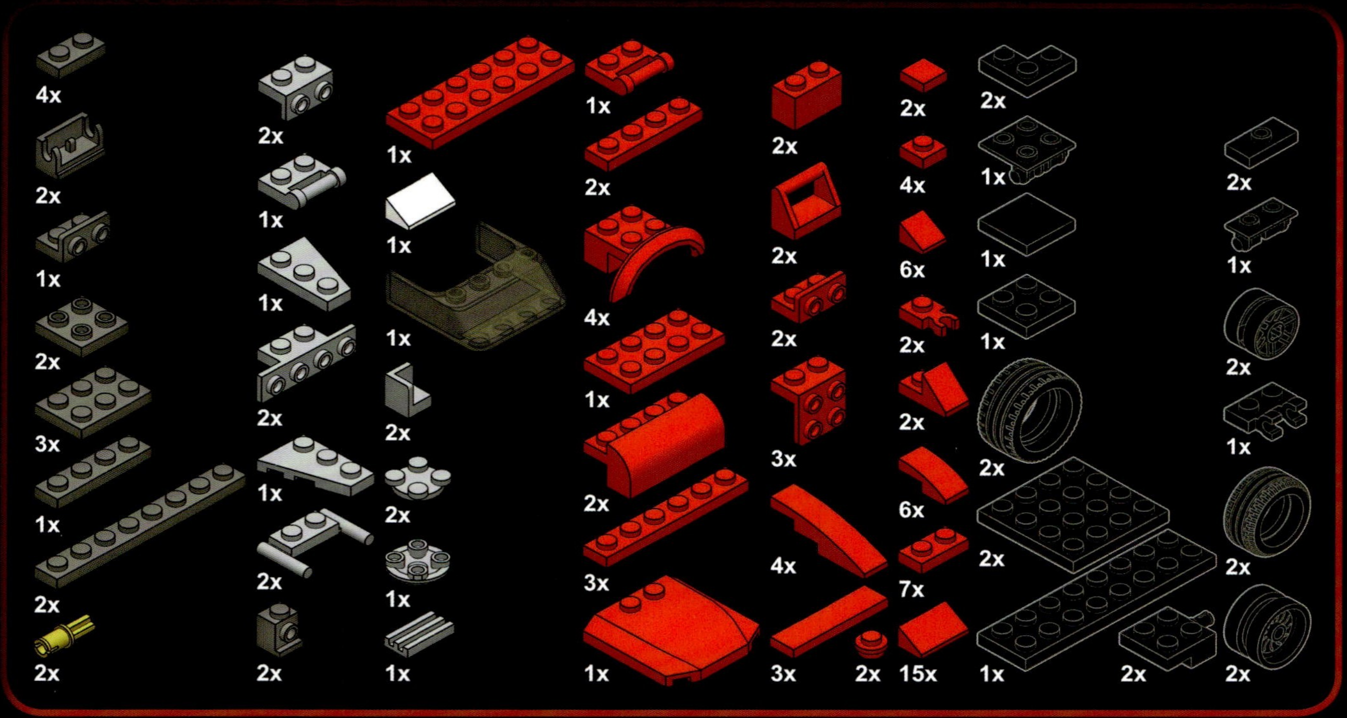

难度级别

CORVETTE Stingray

科尔维特 Stingray

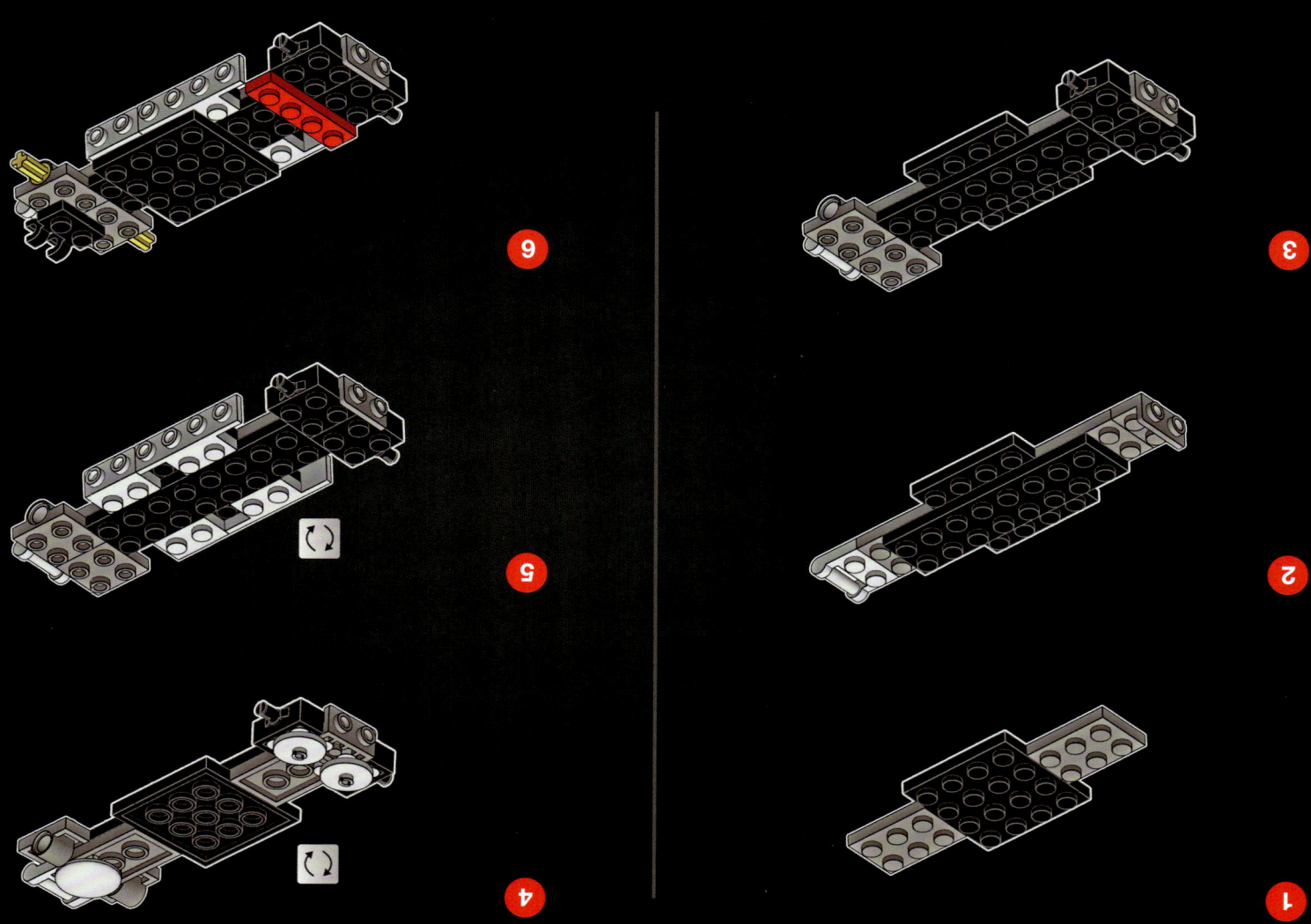

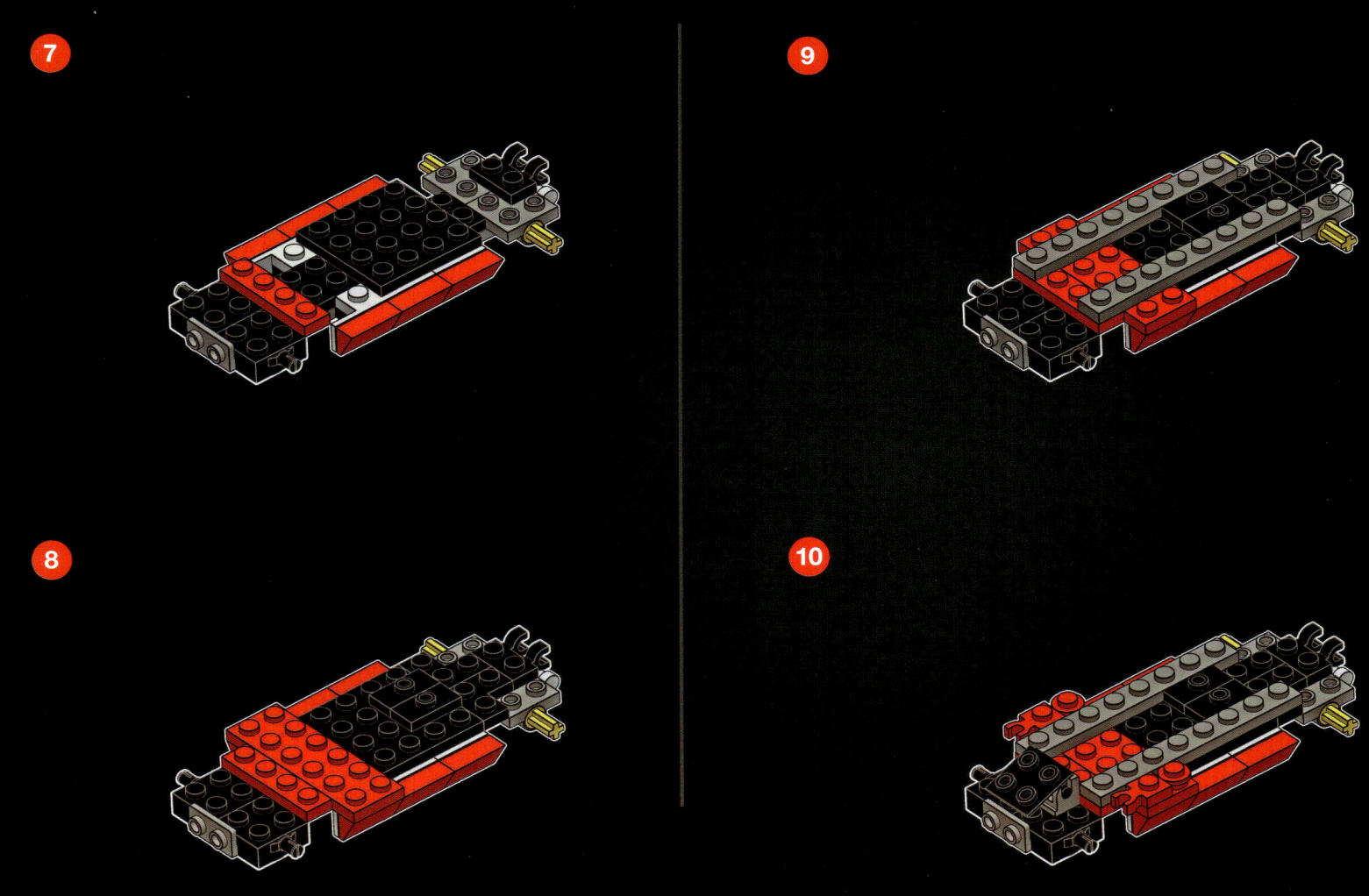

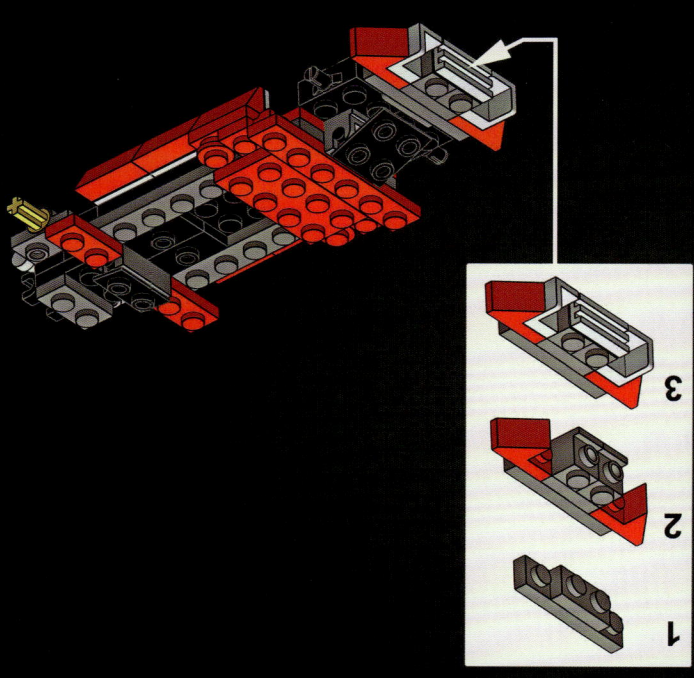
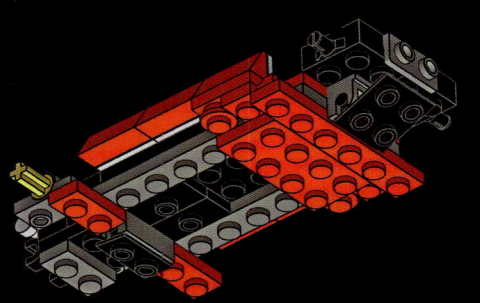
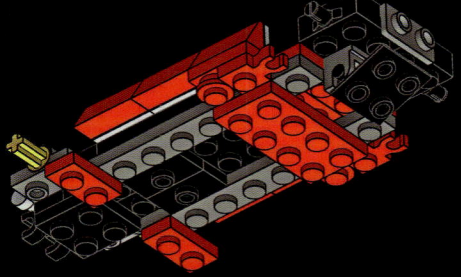

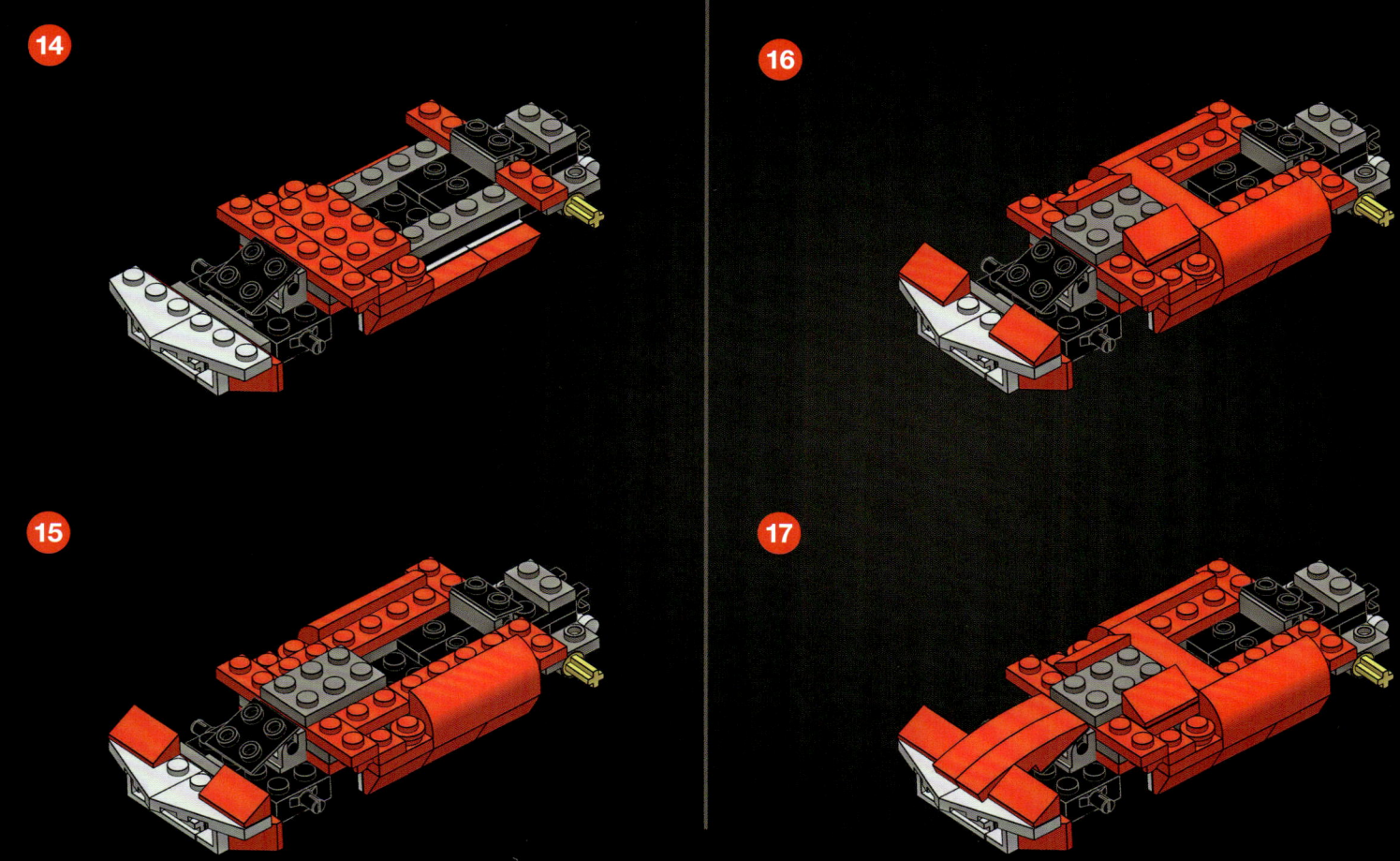

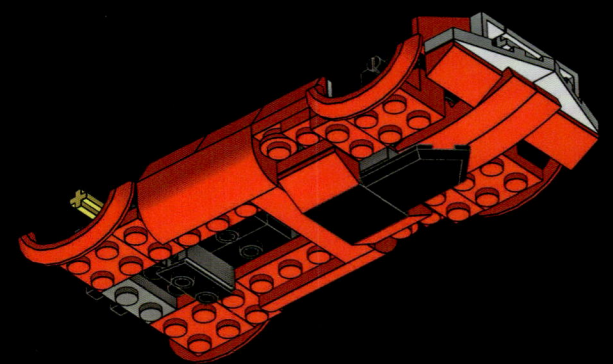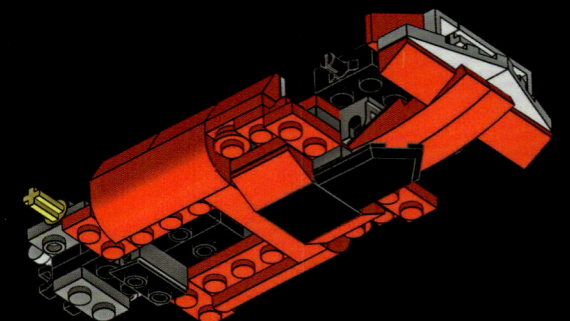

22

23
x2

24
1
2
3
4
5

25

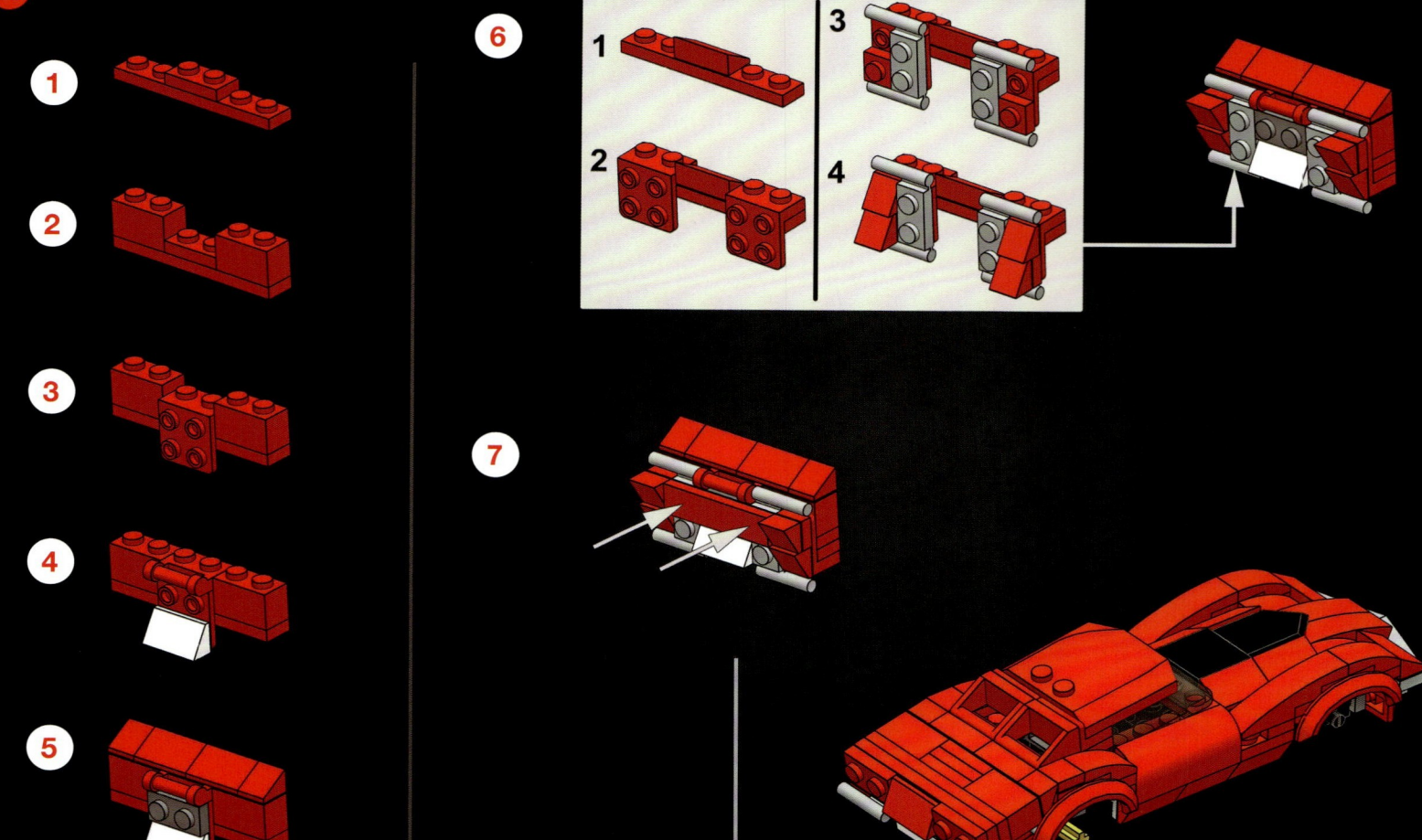

26

B 小彩蛋

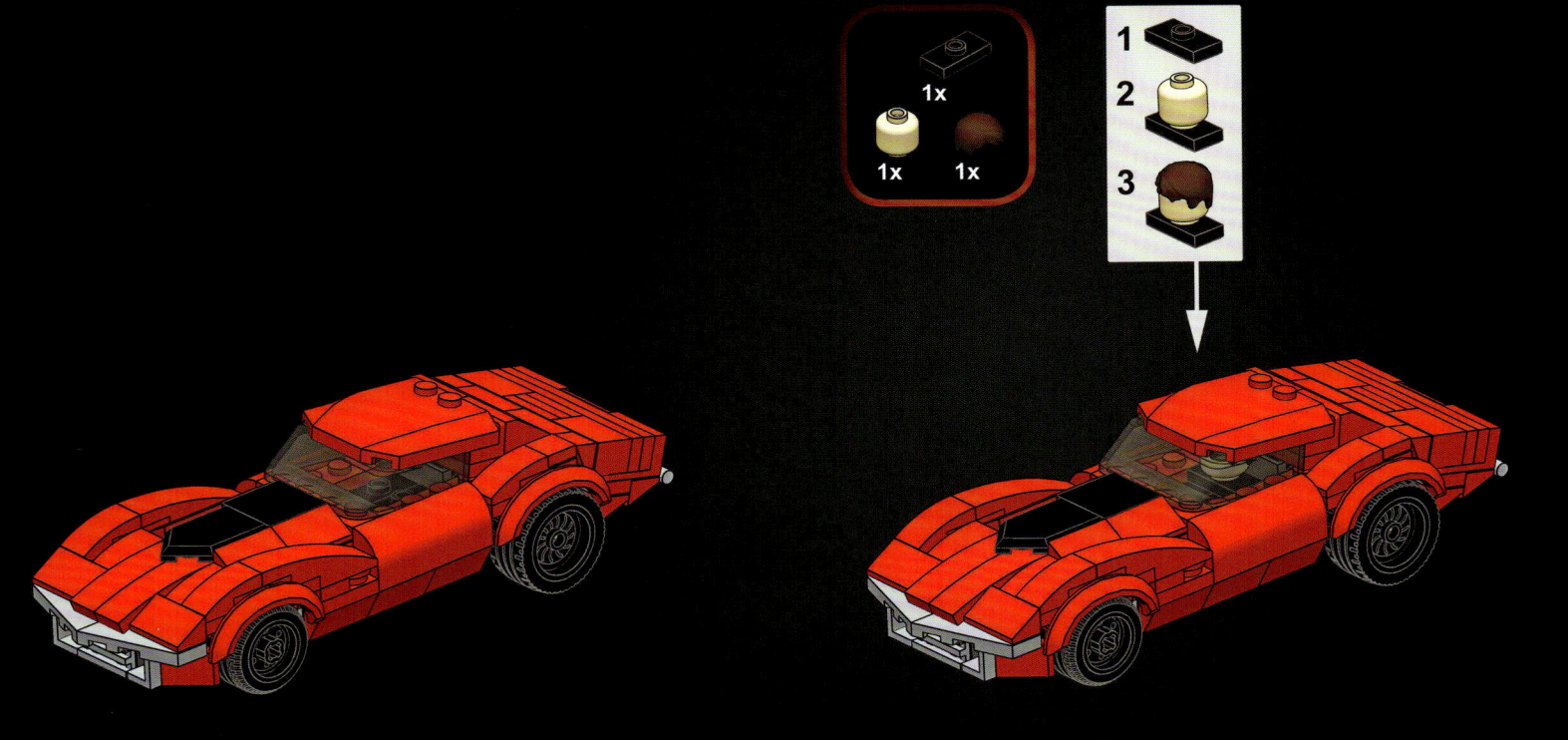

1x 1x 1x

1
2
3

其他幕士

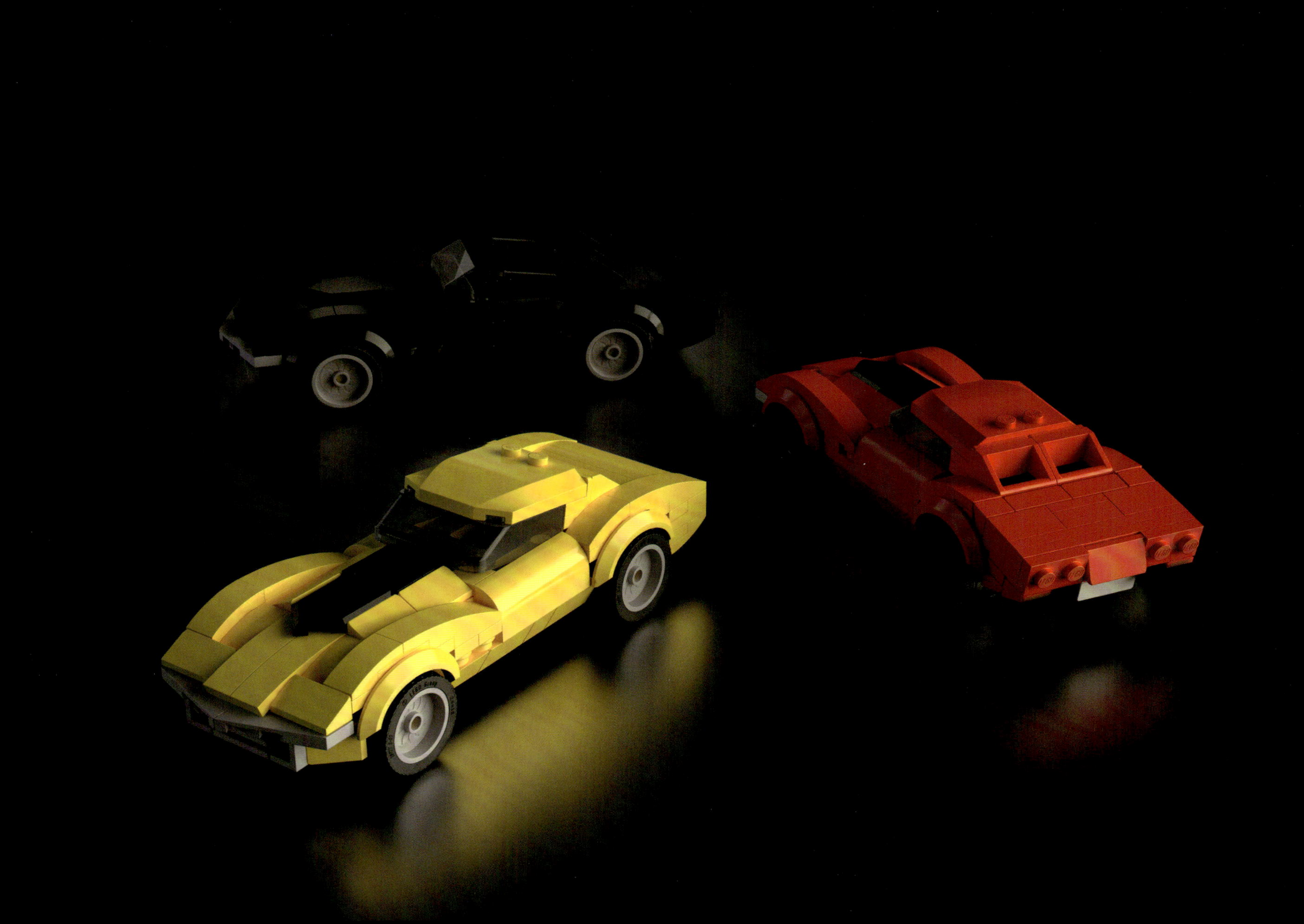

BUGATTI
ATLANTIC

Type 57SC

布加迪Atlantic Type 57SC

BUGATTI ATLANTIC

Type 57SC

布加迪Atlantic Type 57SC

品牌故事

　　被认为是布加迪历史上最漂亮的汽车的Atlantic Type 57SC，它的历史和冒险故事一样激动人心。1936年生产的Atlantic成功地将1934产的Type 57和1935年的Aérolithe 的原型结合在一起。Aérolithe的航空学设计灵感直接来源于科幻小说。它的镁铝电子合金车身非常难焊接（因此被铆接在一起）但很容易着火。为了解决这个问题，布加迪公司用全铝重新设计了Atlantic，但是保留了Aérolithe的铆钉和躁动的外观设计，和突出的背鳍。它的底盘很低[surbaissé（低）这个词来自法语，所以用S给这款车命名]；增加了压缩机（增压器，因此名字里有C）以增强已经很强大的V8发动机，因此将Atlantic的时速提升到了209km/h。这款车也有缺点：时速超过60km/h之后，发动机的噪声震耳欲聋（在安装了压缩机的情况下），视野窄，而且夏天的时候车内热到难以忍受。但是俗话说一"美"遮百丑，尤其在全球只有四辆的情况下……

　　Atlantic 57SC的生产始于1937年，在经历了第二次世界大战之后依然完好无损，只是有一辆车为了躲避纳粹的征用，被藏到波尔多之后就再也找不到了。Aérolithe的原型也失踪了，也可能是被拆卸了。现存的三辆Atlantic，一辆在1955年与火车相撞而毁了，之后被重新修复；而另一辆车则在2010年以3000万美元的价格售出，据称是有史以来汽车卖出的最高价格。故事的结局，最后两辆幸存下来并保持原样的Atlantic毫无意外地在"加州卵石湾汽车巡展（Concours d'Elegance）"上获奖，这款全世界有史以来最梦幻的汽车在这里大放异彩。

汽车配置

通用性描述：
生产年份：1936-1938
产量：4辆
均价：无
今市值估价：30,000,000~40,000,000美元
前身车型：布加迪Type 49
后续车型：布加迪Type101

物理性能：
轴距：2987.04mm × 1341.12mm
重量：1550kg

动力：
最高车速：210.1km/h
百公里加速：低于10s
油耗：无记载

发动机参数：
气缸数：直列8缸
排量：3.26L
发动机功率：147kW
驱动：后轮驱动

BUGATTI ATLANTIC

Type 57SC

布加迪Atlantic Type 57SC

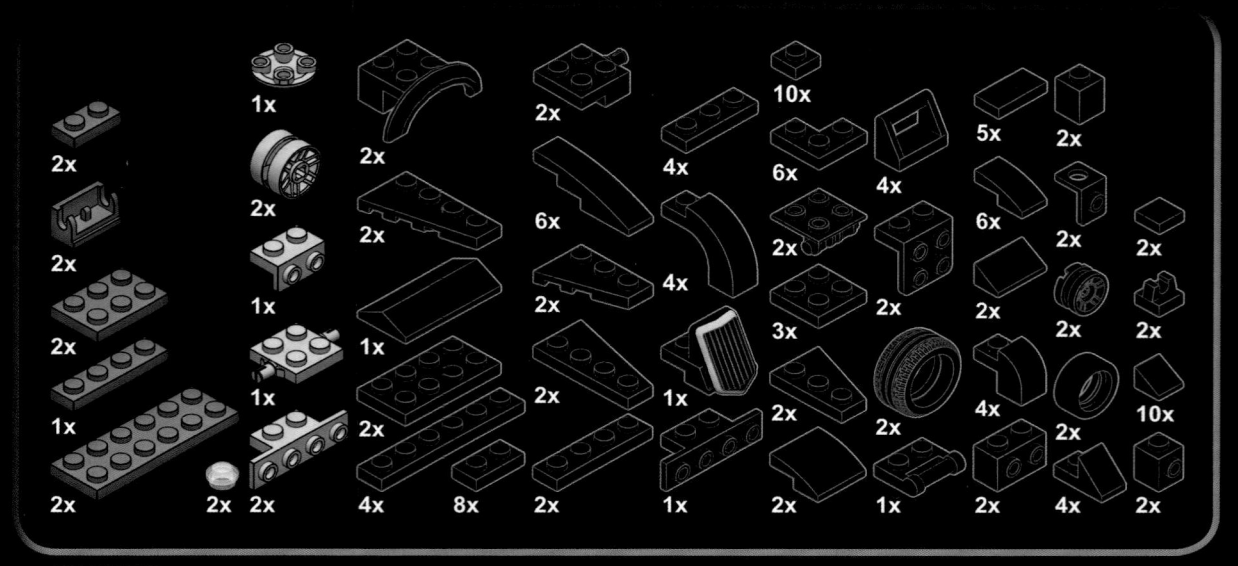

扫码看教程

难度级别

BUGATTI
ATLANTIC
Type 57SC

布加迪Atlantic Type 57SC

4

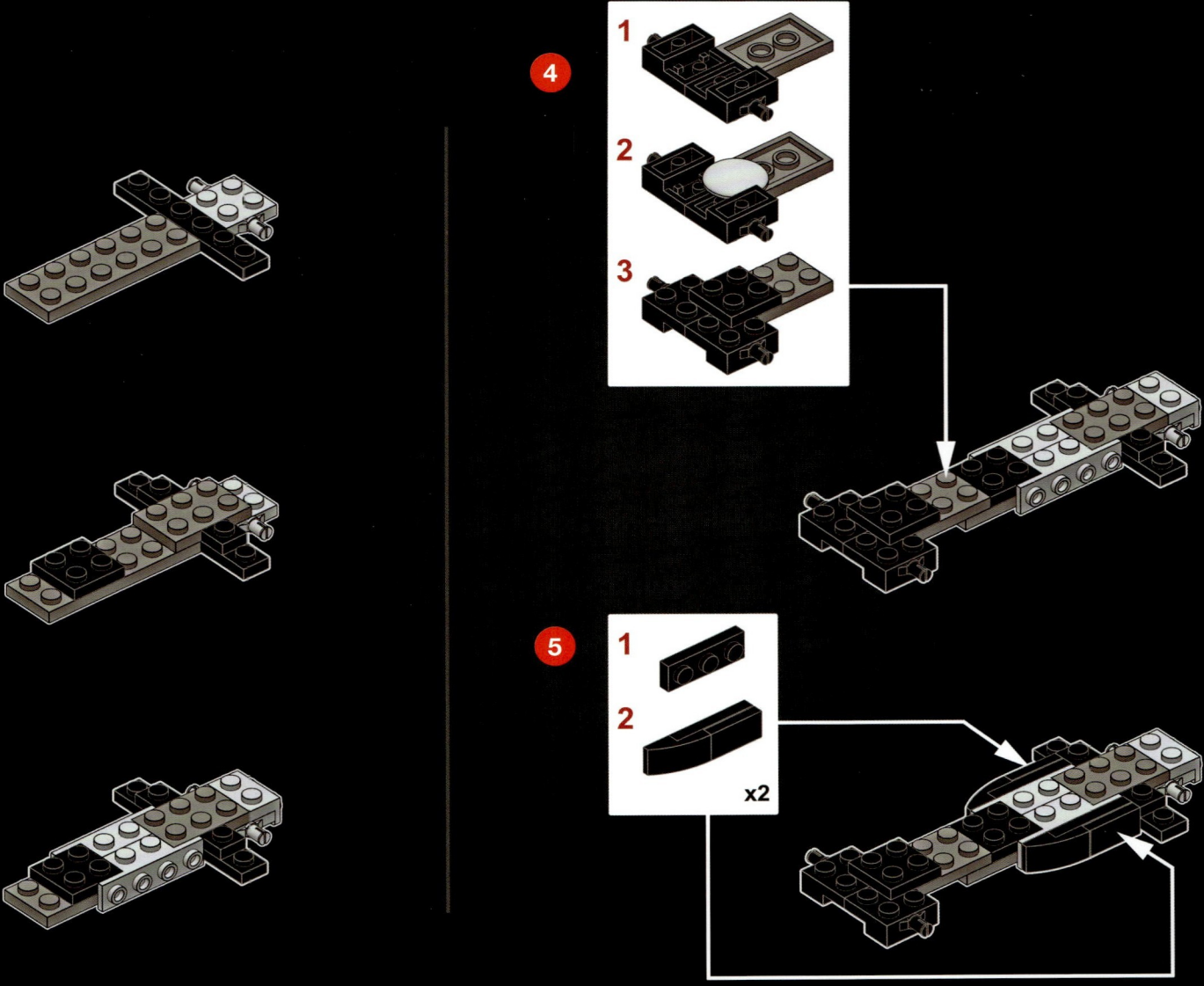

5

x2

6

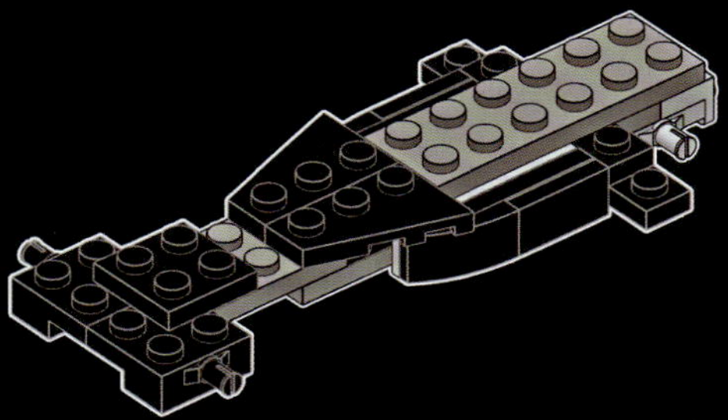

7

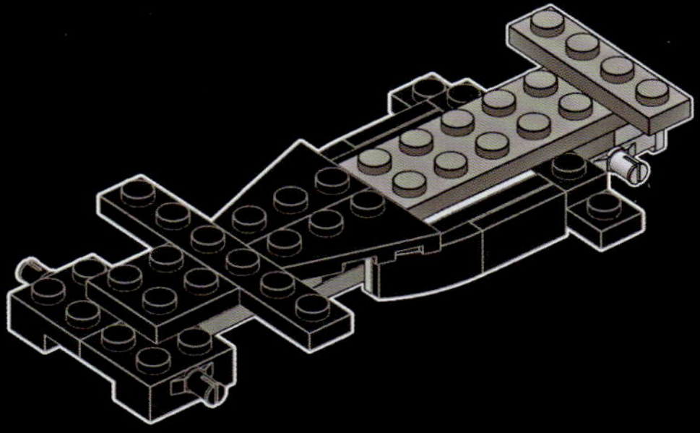

8

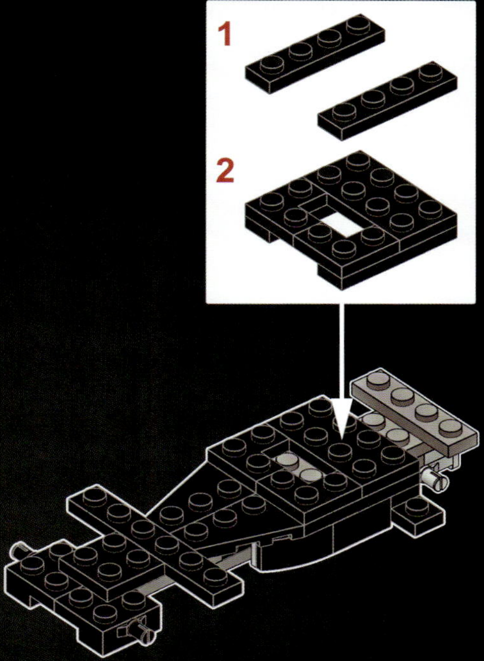

9

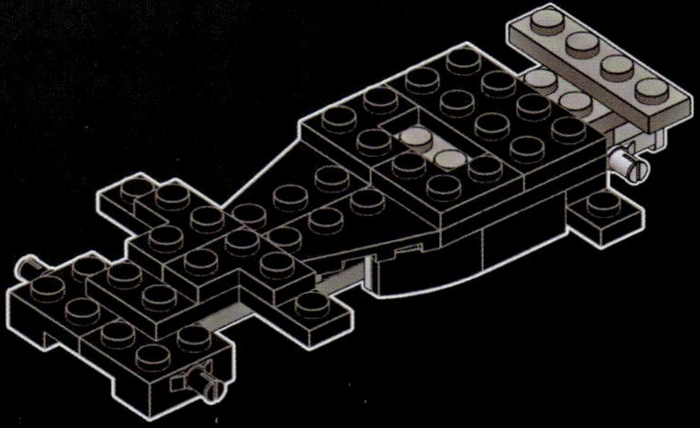

10

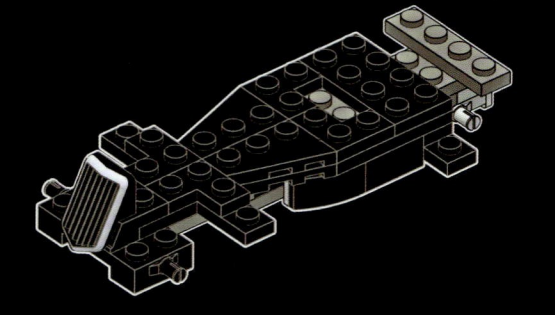

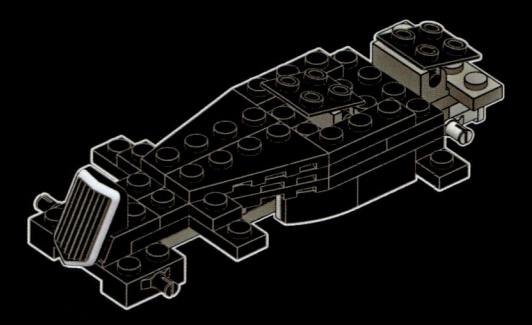

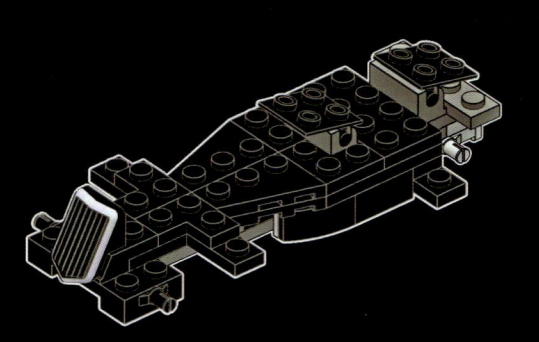

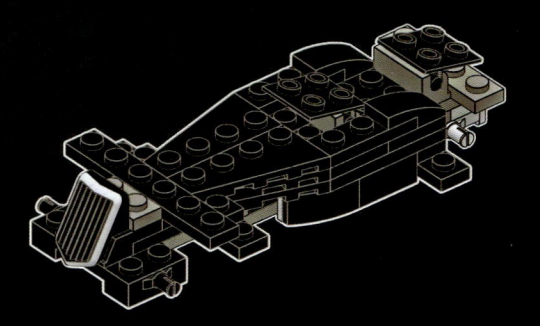

11

12

13

14

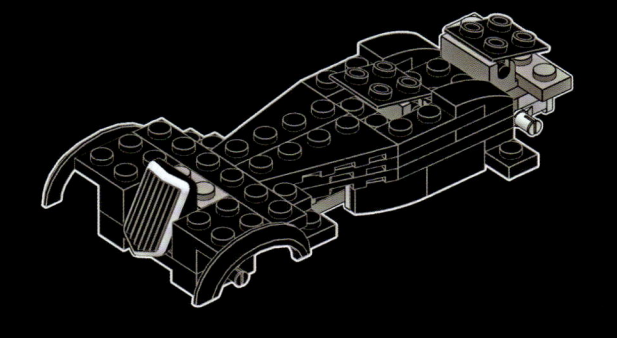

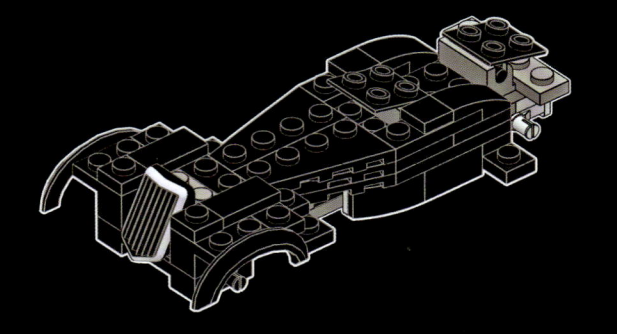

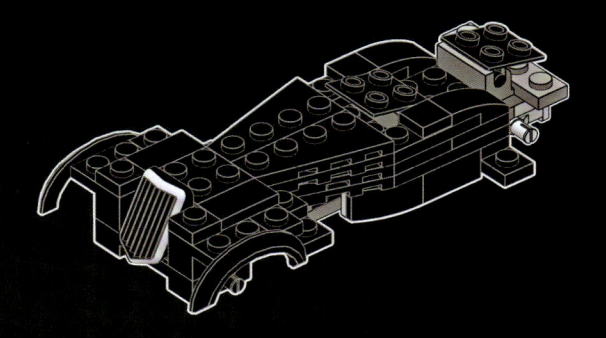

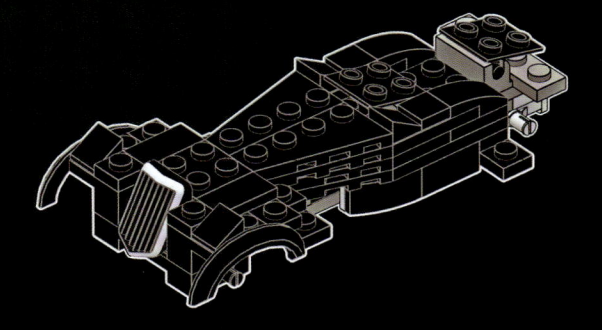

15

16

17

49

18

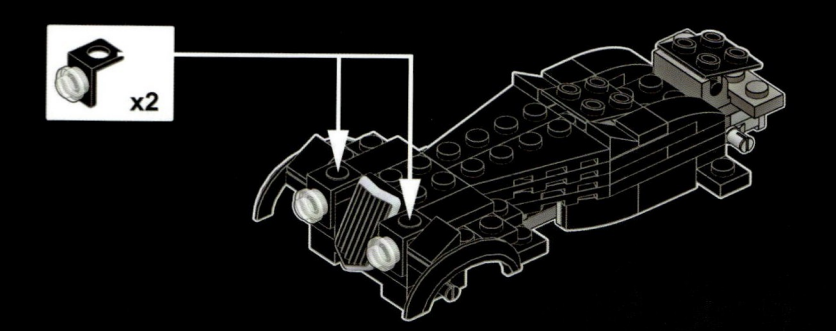

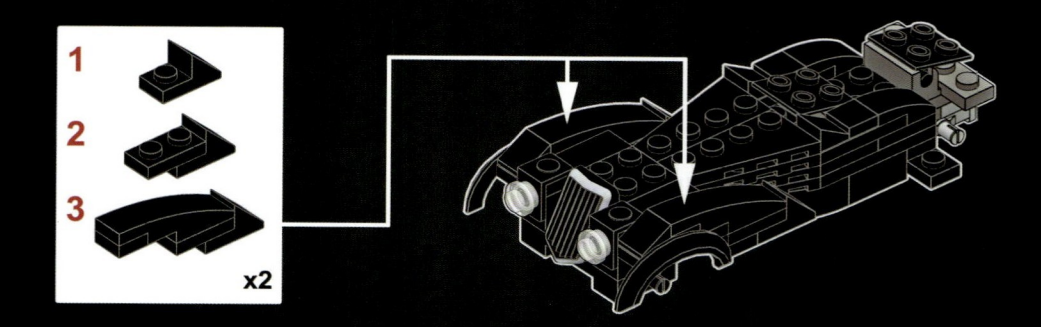

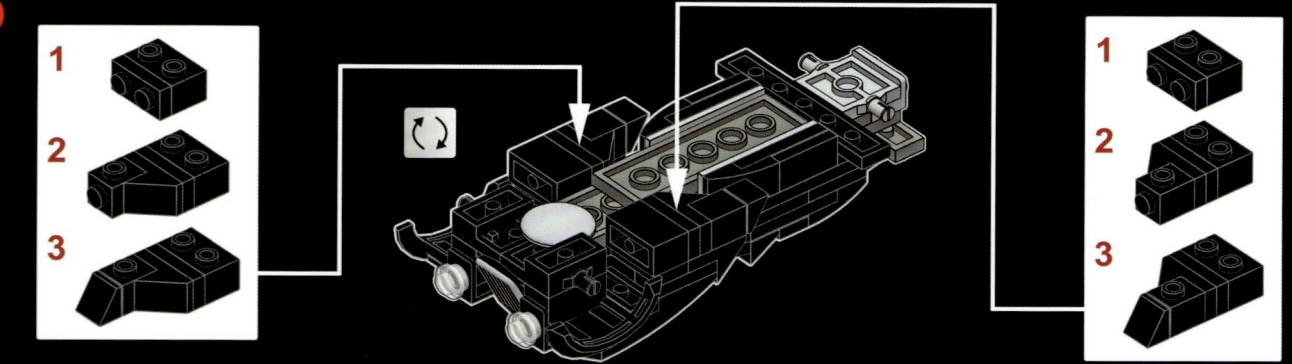

x2

19

x2

20

51

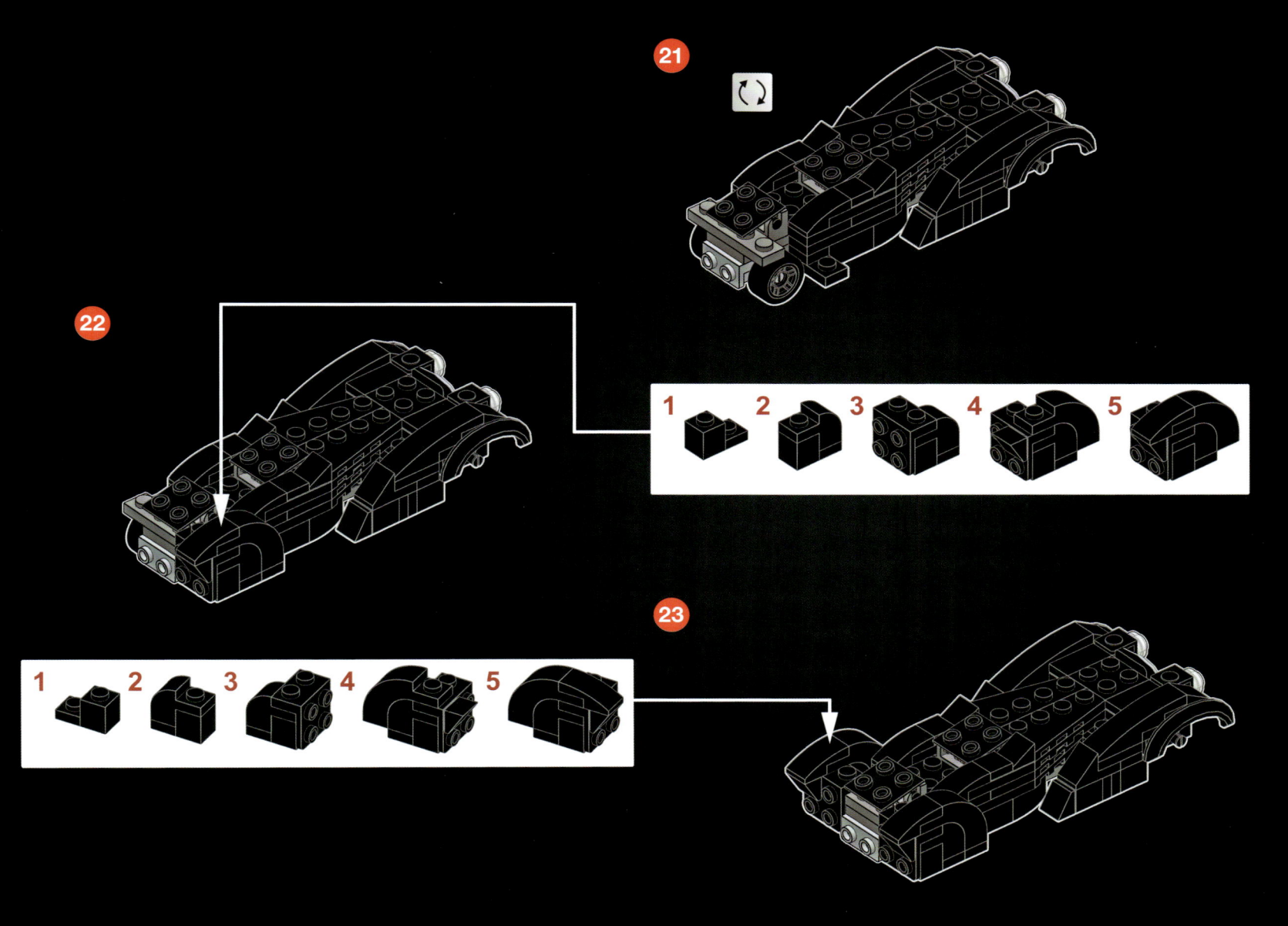

24

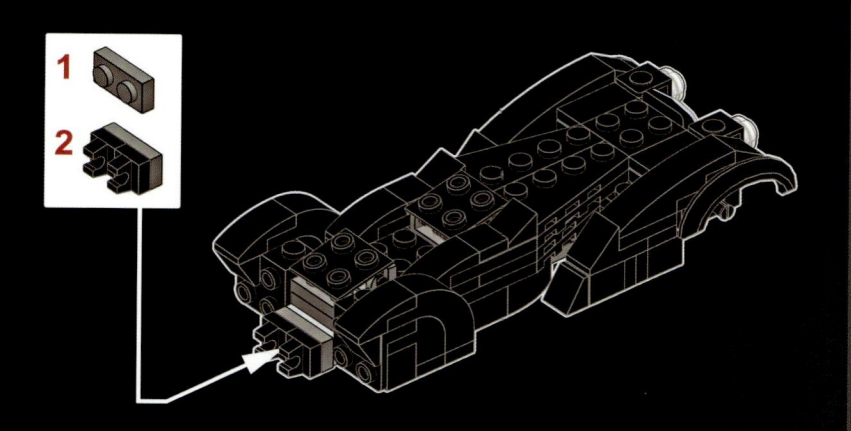

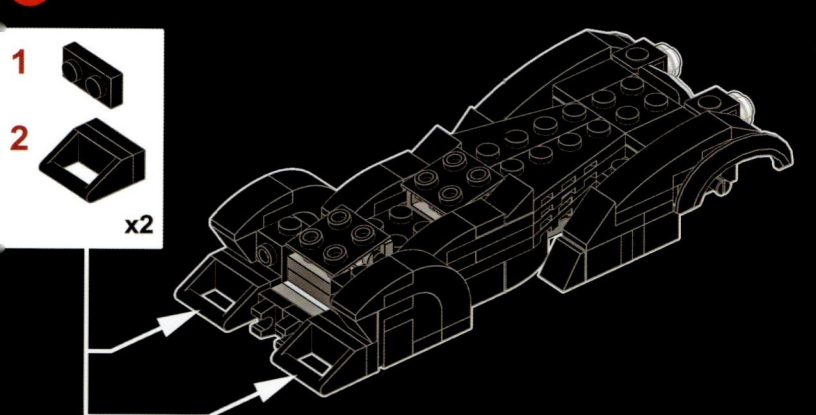

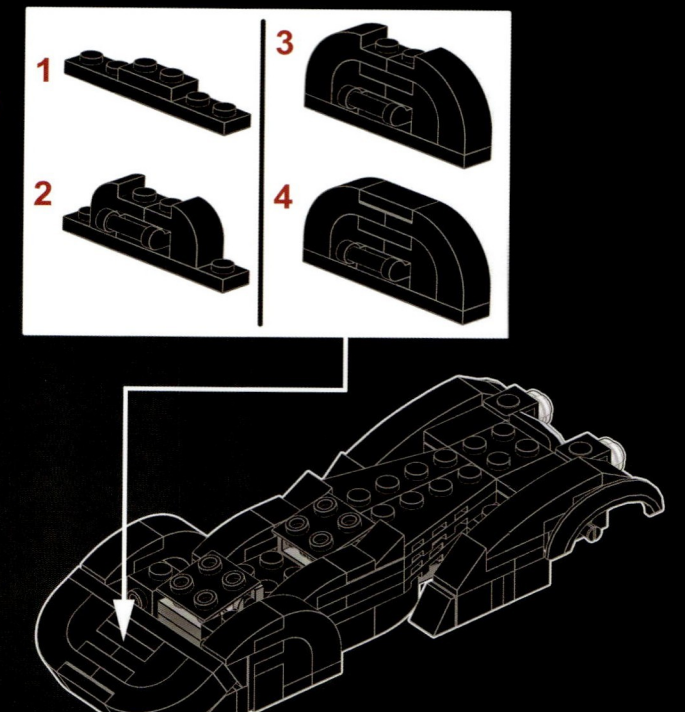

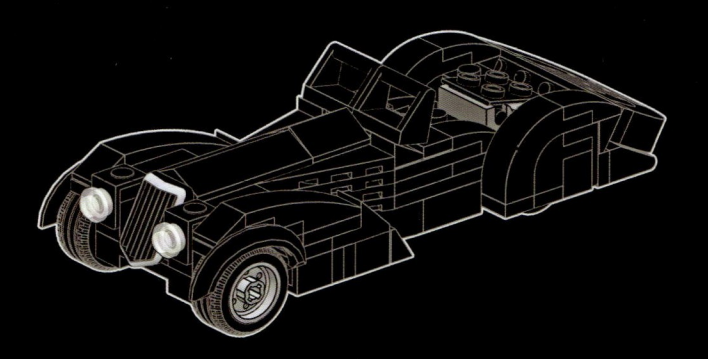

25

26

27

28

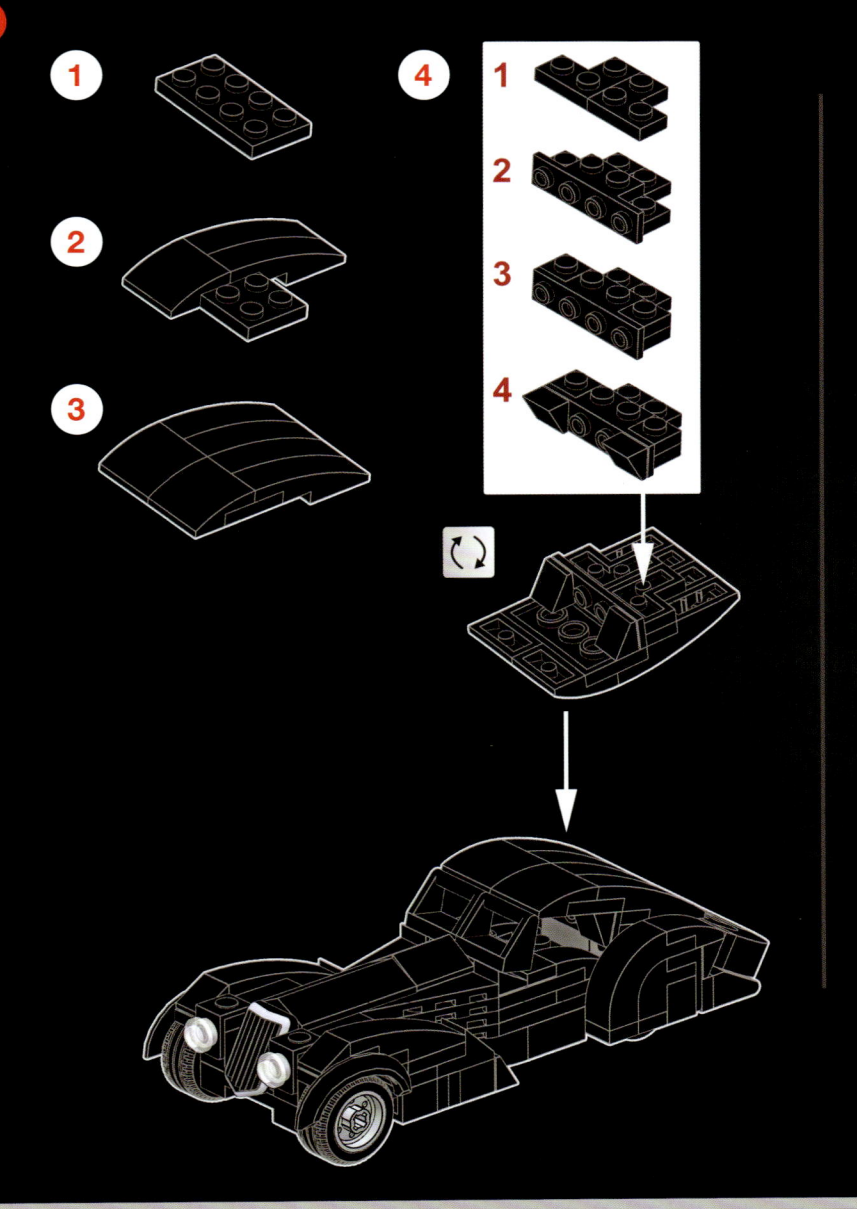

B 小彩蛋

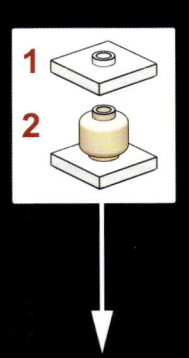

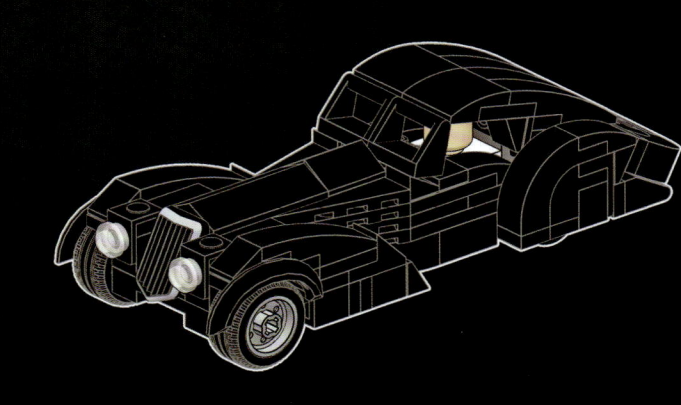

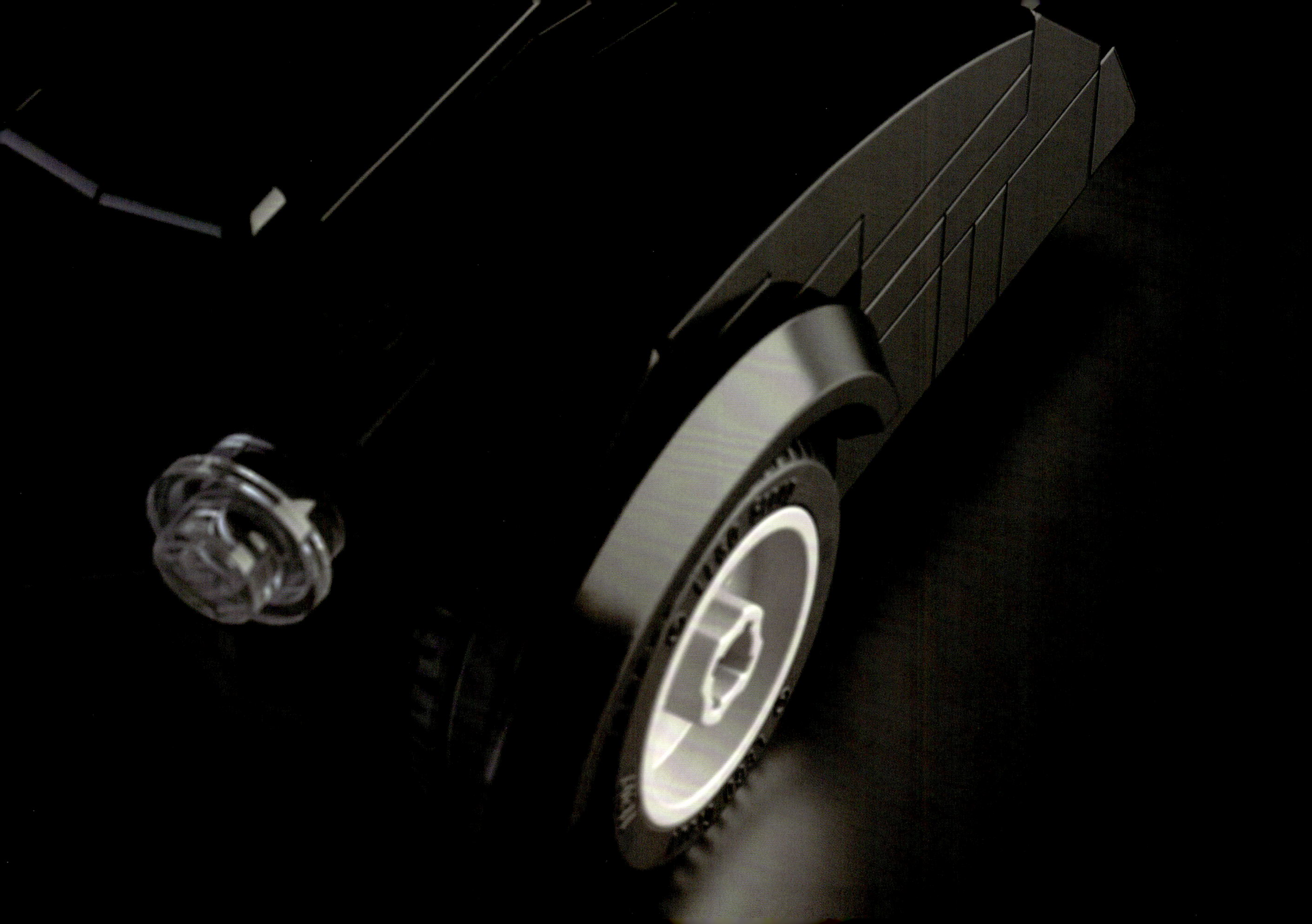

FORD GT

福特GT

FORD GT

福特GT

品牌故事

　　20世纪60年代福特生产的GT40可以称为是最卓越超群的梦幻跑车。2003年，作为纪念福特公司诞辰一百周年的献礼，福特重新复刻了这款最有历史意义的汽车。虽然在结构上与其杰出的原型截然不同，但明确保持了它的形式和竞争精神。

　　新的GT更大更高（比原来的40英寸高出8英寸），并且更加先进。由铝、镁、碳纤维制成，采用了超塑性模具和最新的焊接技术等创新技术，通过Lysholm双螺杆容积式压缩机为其5.7升福特V8发动机增压使其得到充分利用。由于得到了适时的修改和使用了甲醇燃料，这一代福特GTs打破了多项纪录，包括以472km/h的时速拿下了世界汽车速度之最。如此华丽的表现导致了许多由它为原型的电子游戏和漫画形象，例如作为变形金刚中两个汽车人的原型。

　　GT40昔日的辉煌让人们对福特GT家族短暂的历史有了一个完整的印象。亨利福特二世挑战60年代赛车巨头——法拉利的梦想，就像让GT40如同勇敢的大卫一样与歌利亚决斗。除去1964年在纽伯格林和勒芒的糟糕表现（起步到160km/h时遇到的悬挂和稳定性问题），之后经过多次修改的版本都取得了很多胜利。终于在1966年，配备了7升 GT 40 Mk II发动机的GT40在锡布灵、戴托纳和勒芒都大获全胜，并且一直保持四连胜到1969年。

汽车配置

通用性描述：
生产年份：2004~2006
产量：4038辆
均价：140,000~240,000美元
今市值估价：270,000~600,000美元
前身车型：福特GT40
后续车型：福特GT二代

物理性能：
车身尺寸：4632.96mm × 1950.72mm × 1127.76mm
重量：1500kg

动力：
最高车速：329.9km/h
百公里加速：3.3~3.8s
油耗：16.8L/100km

发动机参数：
气缸数：V形8缸
排量：5.4L
发动机功率：410kW
驱动：后轮驱动

FORD GT

福特GT

扫码看教程

FORD GT

福特GT

1

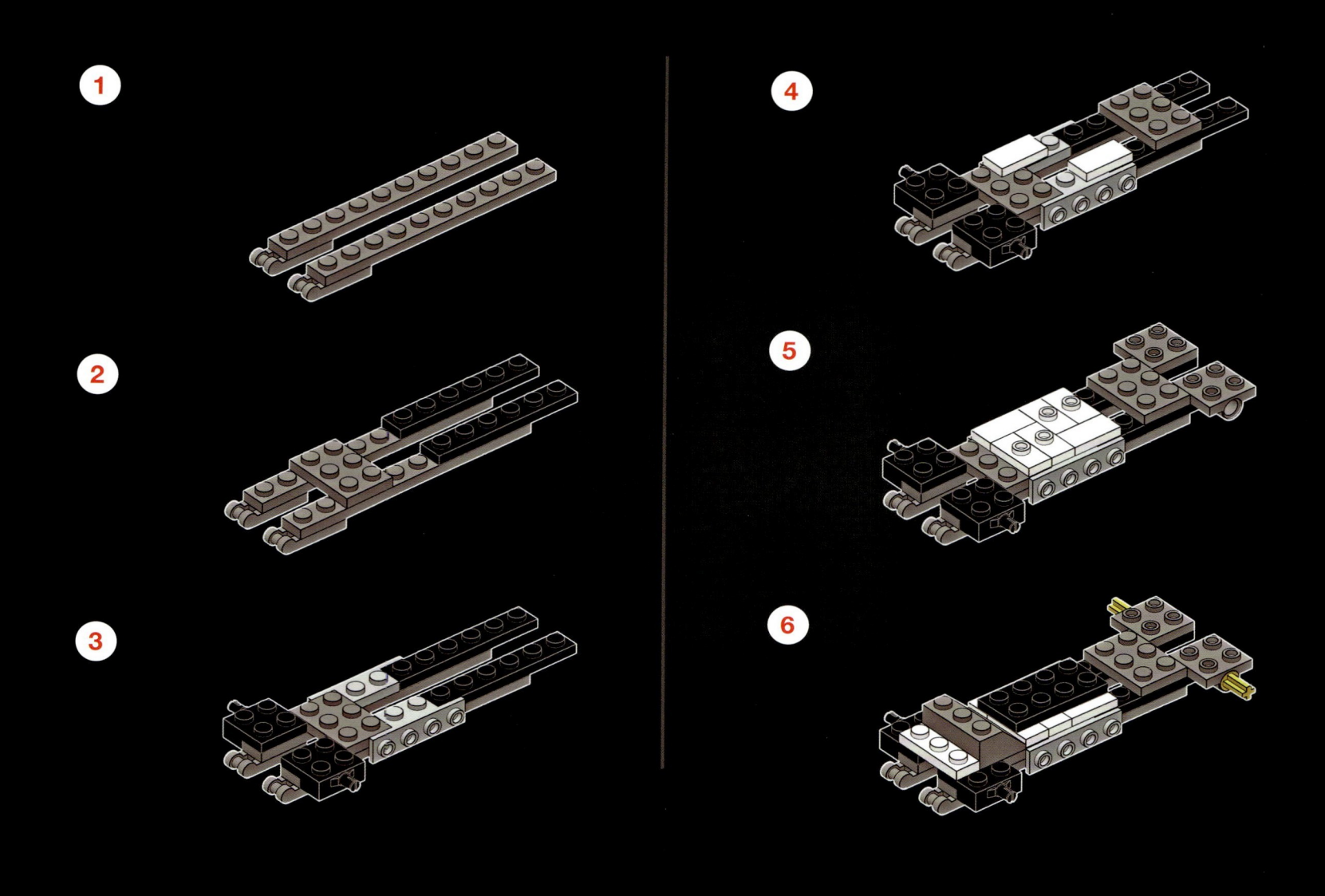

2

3

4

5

6

7

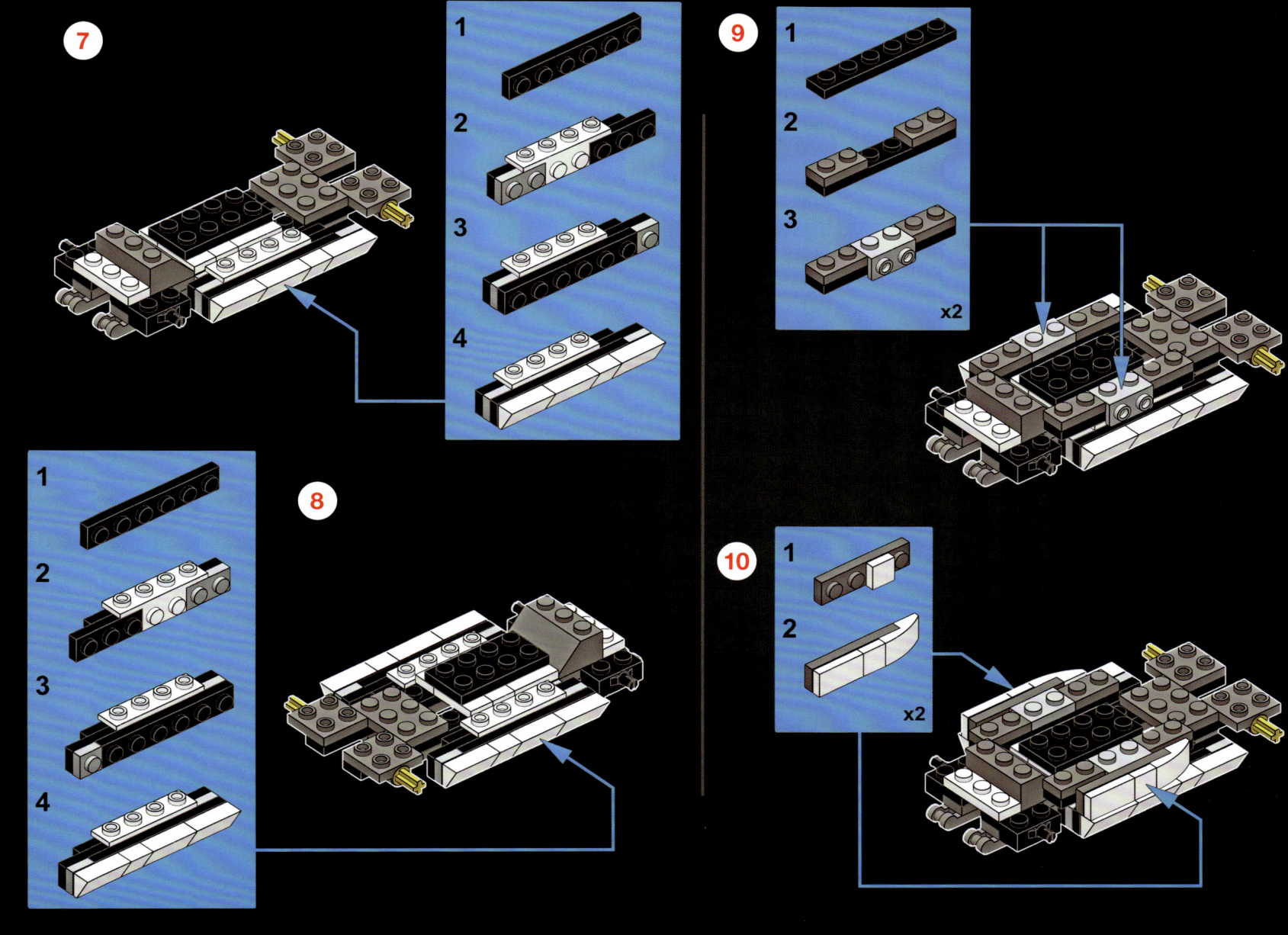

8

9

x2

10

x2

61

11

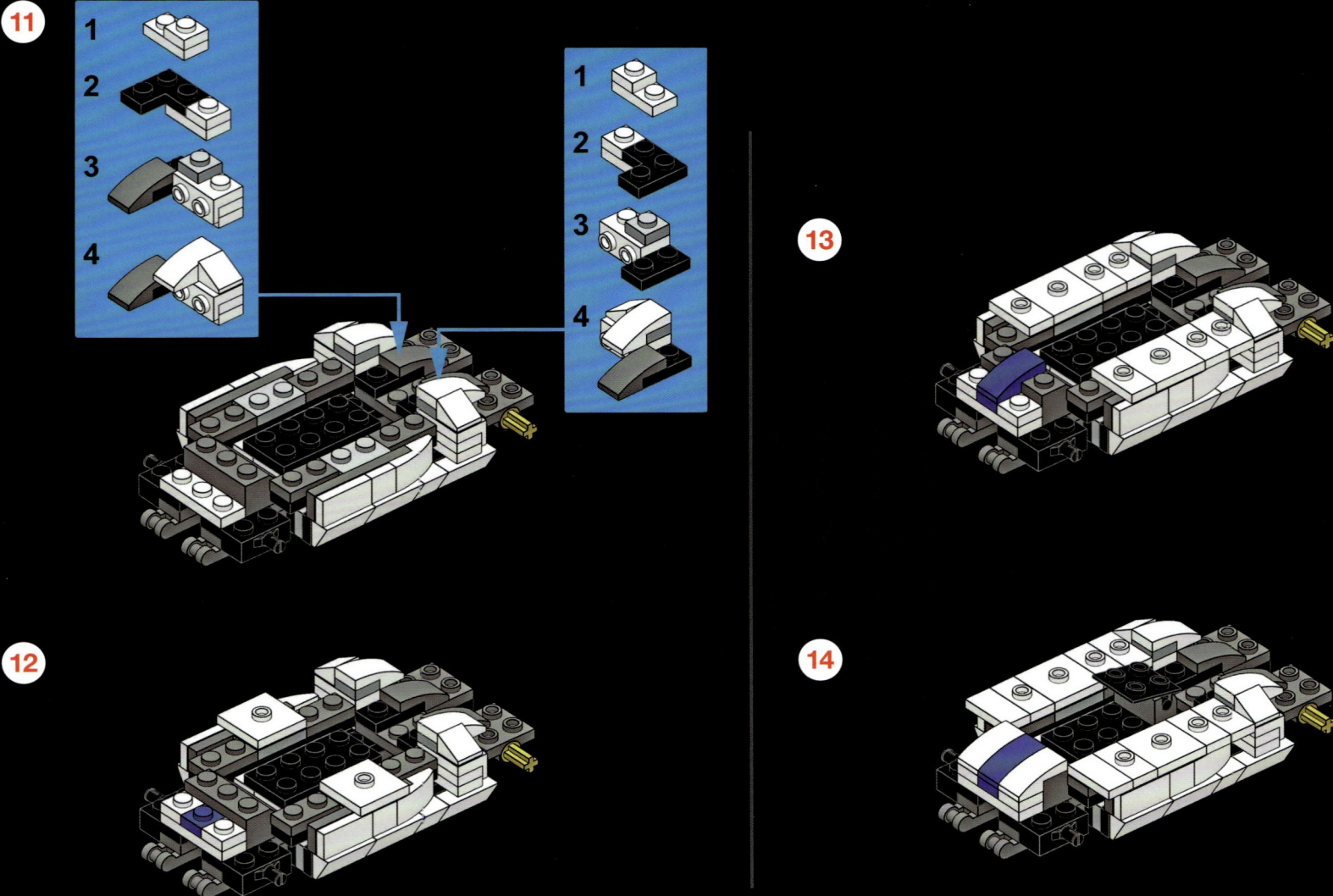

1
2
3
4

12

13

14

15

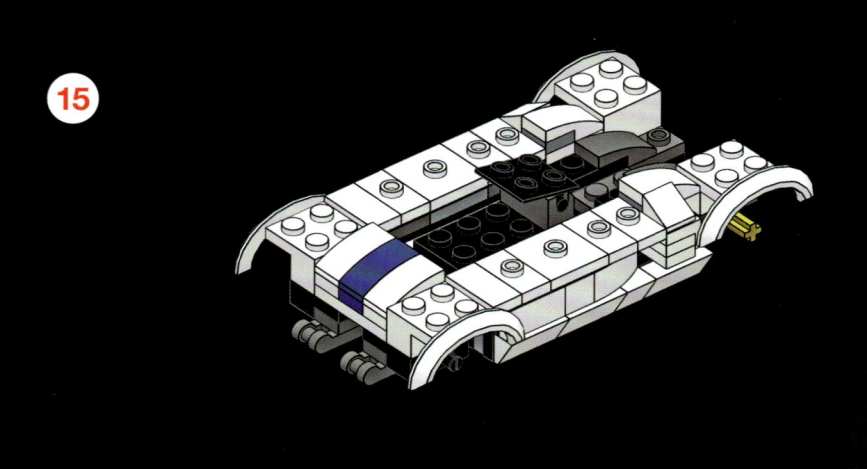

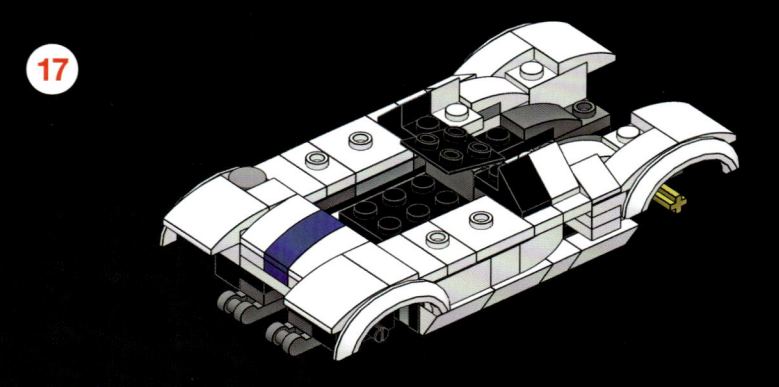

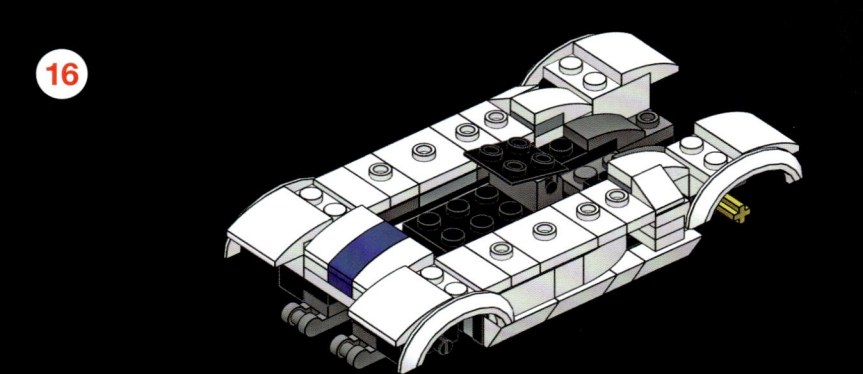

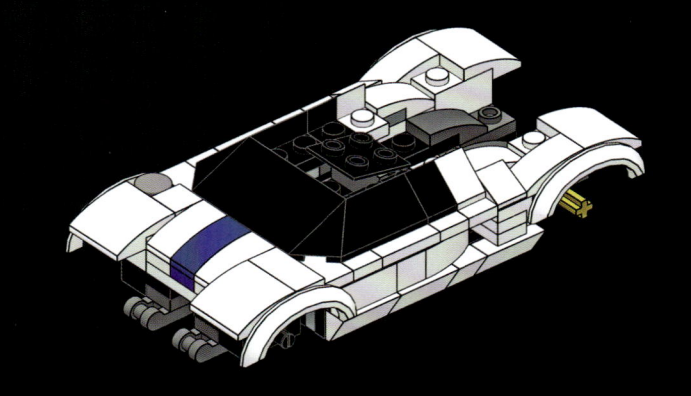

16

17

18

63

7

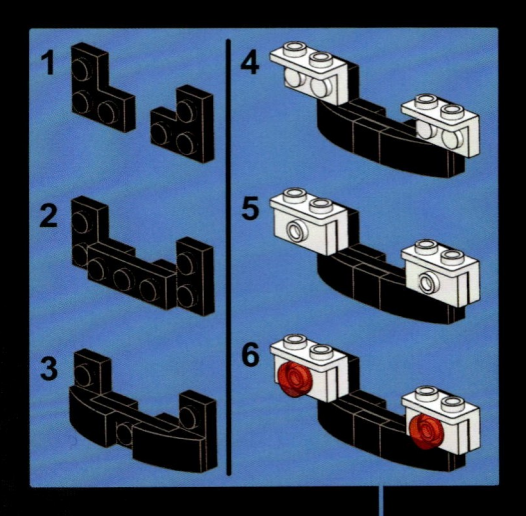

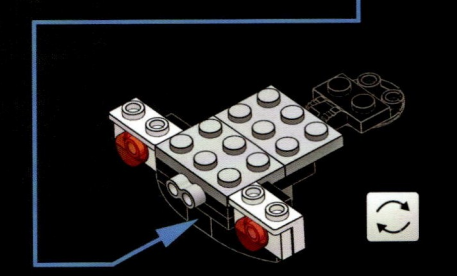

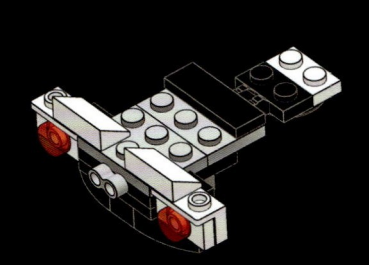

8

9

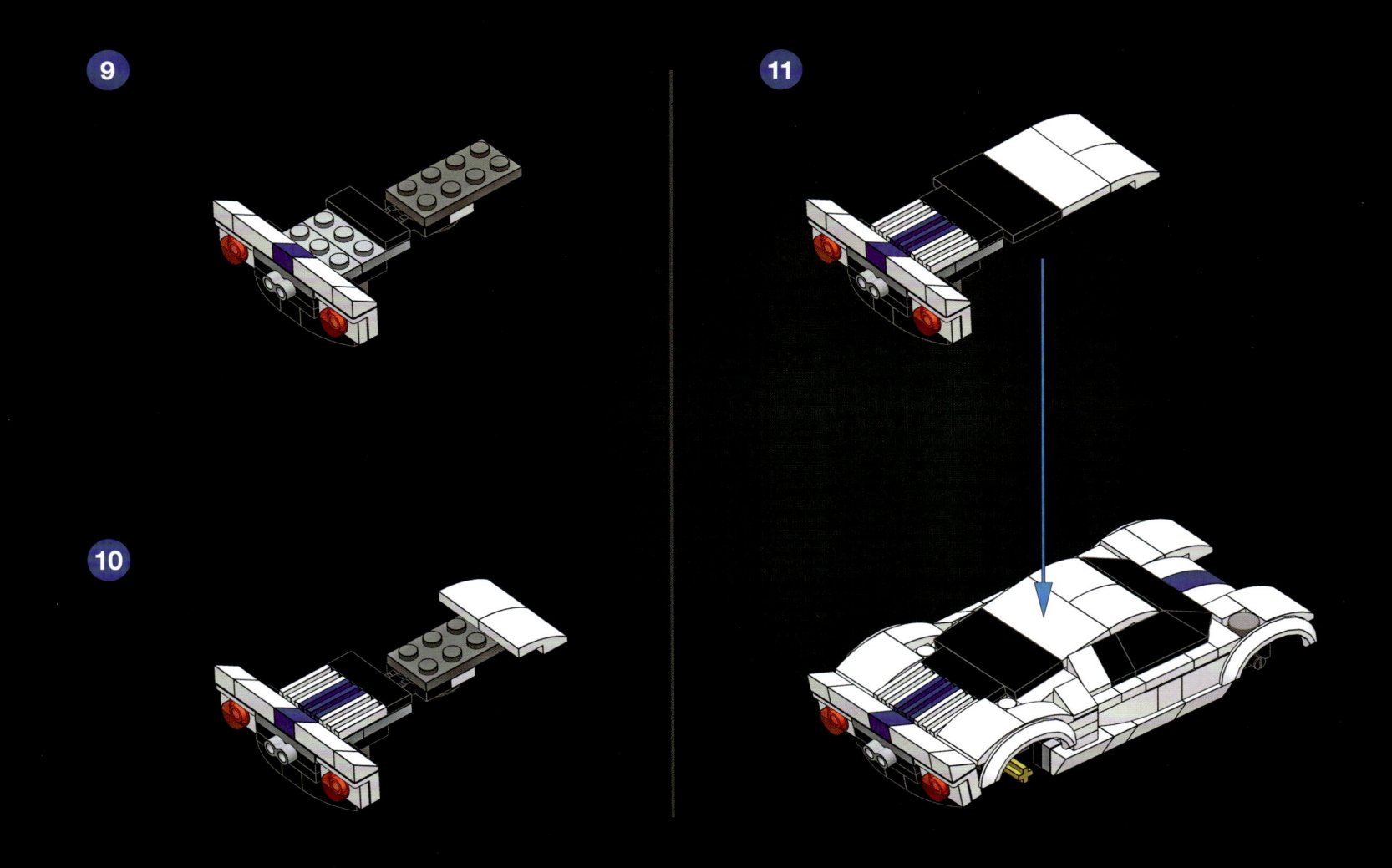

10

11

65

1
2
3
4
5
6
7

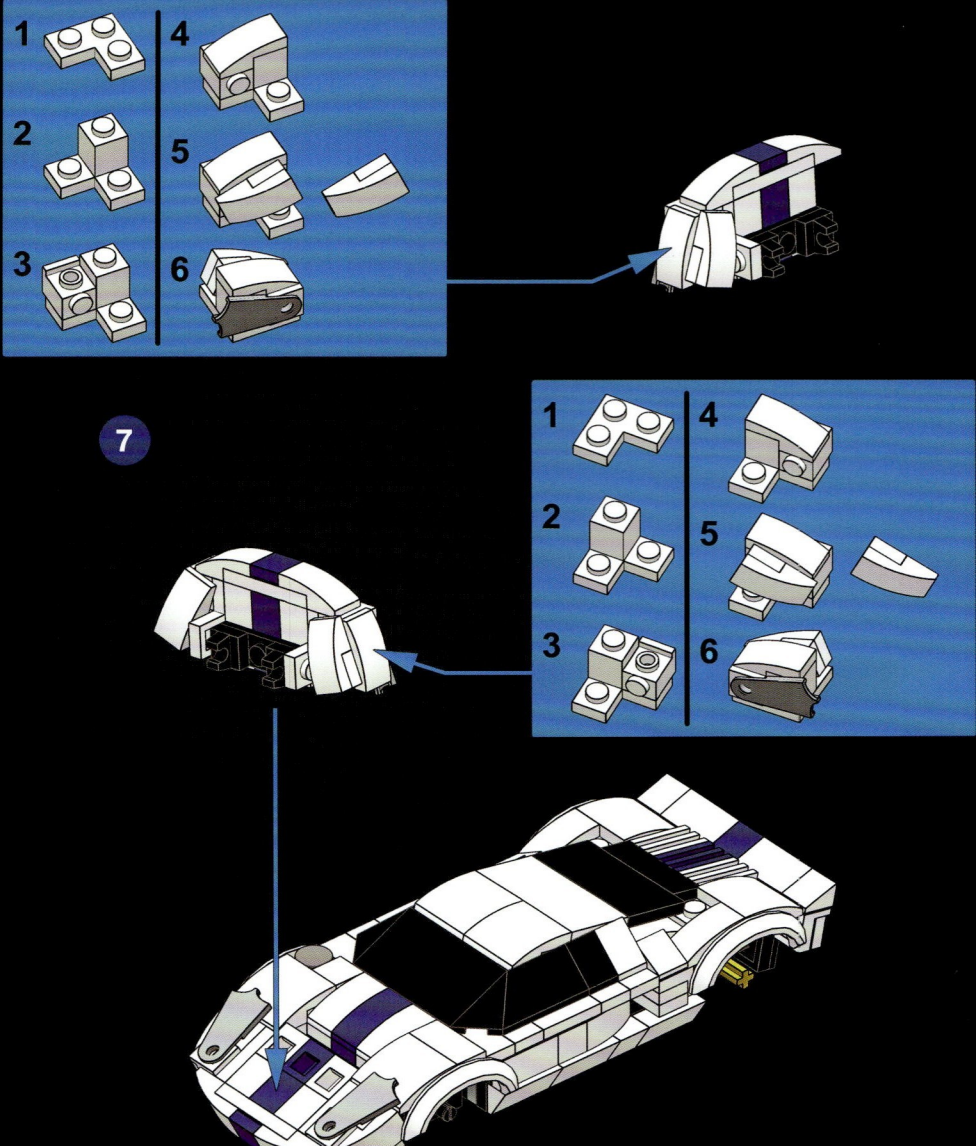

21

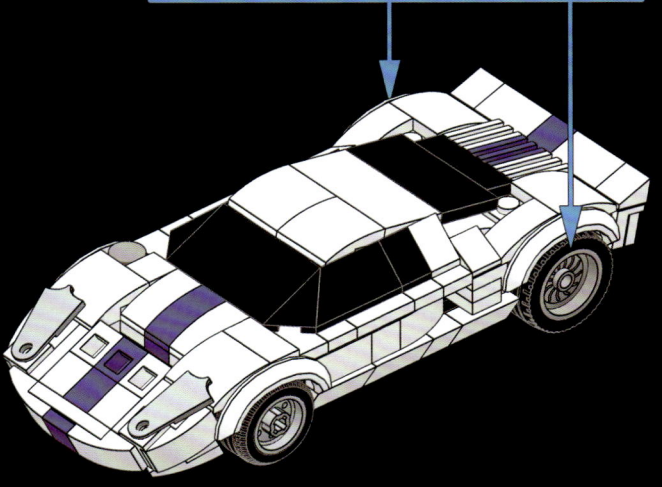

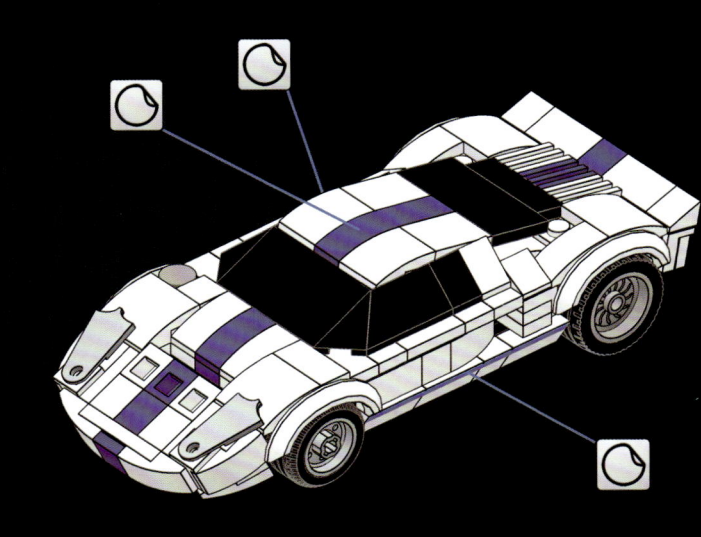

22

其他著作

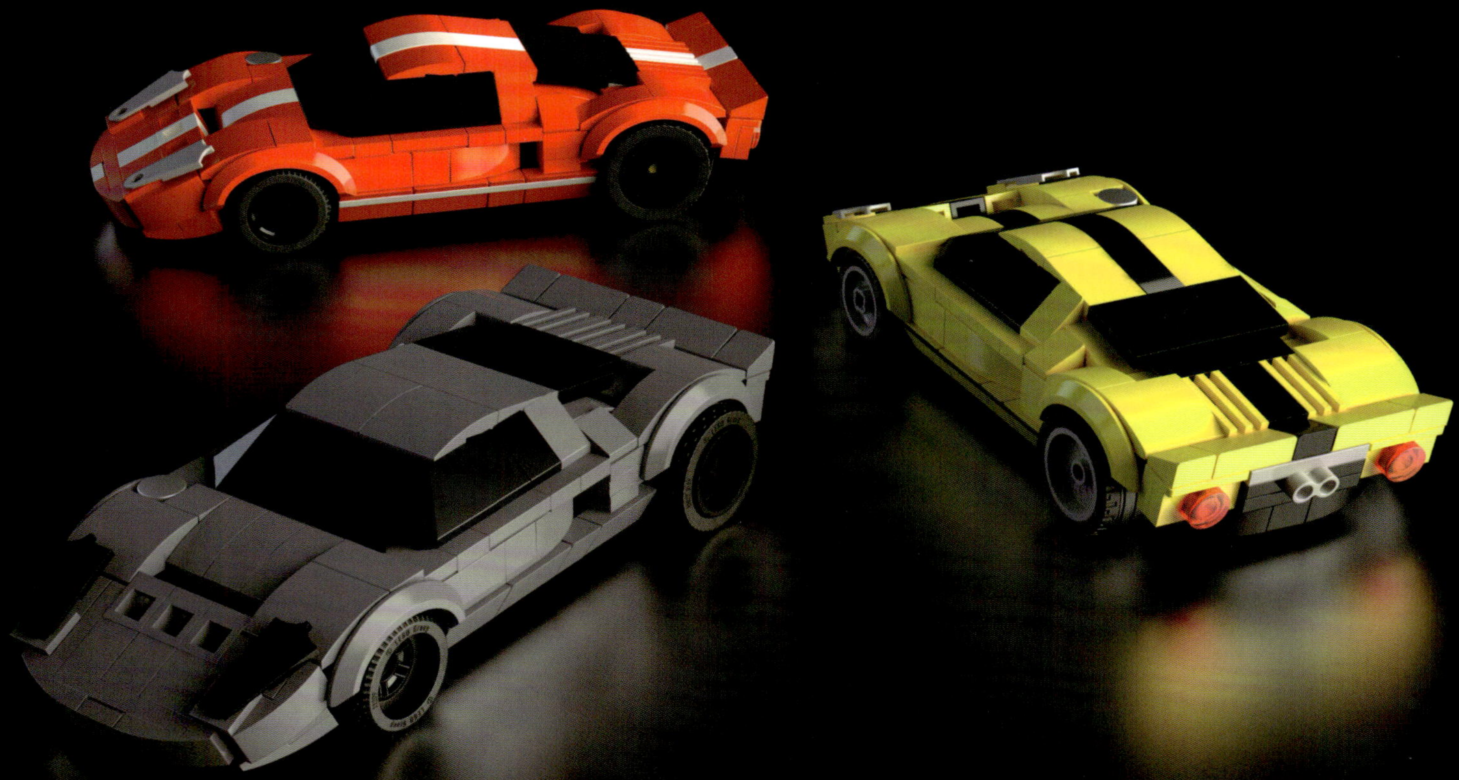

Lamborghini Countach

三菱鉛筆 Countach

Lamborghini Countach

兰博基尼Countach

品牌故事

　　光是名字已经足够脱颖而出（名字来自"contacc"，意为传染，瘟疫肆虐时期意大利皮埃蒙特地区一种古老的警示语）的兰博基尼Countach，1971年在日内瓦初次亮相，确定了20世纪70年代以及未来20年的存在。虽然这家公司（以前一直是生产农用拖拉机的）已经有了Miura这样的非凡之作成品目录，但是在1971年又通过发布这款仿佛从天而降一般的中置发动机两座跑车而再一次让世人震惊。它有一个近似金字塔形的楔形设计，剪刀门，动态操纵杆，充满侵略性的格栅，覆盖在一个多管状外壳的"铝皮"上。

　　这款车直到1973年才面世。LP400搭载了一台375马力的V型12缸发动机，时速可以达到196英里每小时，6座汽化器，4个凸轴轮，以及4个排气管。它的后续版本（LP400S，LP5000，以及四阀的LP5000S）持续不断地创新，像是超宽的倍耐力P7轮胎，后扰流板，增强版的4.75升发动机既保持了375马力，同时又符合新的排放标准，随后又将发动机增强到5.2升420马力，以达到200英里每小时的速度。

　　Countach是一款赛车，因此它的舒适性不是很好，以防止车技不好或是爱开慢车的"星期天司机"们深陷在其后轮之中。后续车型的设计掩盖了一些缺陷，例如改良了较差的视野范围和小得可怜的内部空间。然而它的外观并不能阻止仰慕者们把它视为世界上最快的汽车（但事实并非如此）。这一点从大部分顾客都选装了某些型号的巨大后扰流板这一事实中就能看出，尽管这样会把车的最高时速降低9英里每小时。

汽车配置

通用性描述：
生产年份：1974~1990
产量：2049辆
均价：100,000美元
今市值估价：150,000~800,000美元
前身车型：兰博基尼Miura
后续车型：兰博基尼Diablo

物理性能：
车身尺寸：4145.28mm × 1889.76mm × 1066.8mm
重量：1490kg

动力：
最高车速：254~330km/h
百公里加速：4.5~5.9s
油耗：34L/100km

发动机参数：
气缸数：V形12缸
排量：3.9/4.8/5.2L
发动机功率：276~335kW
驱动：后轮驱动

71

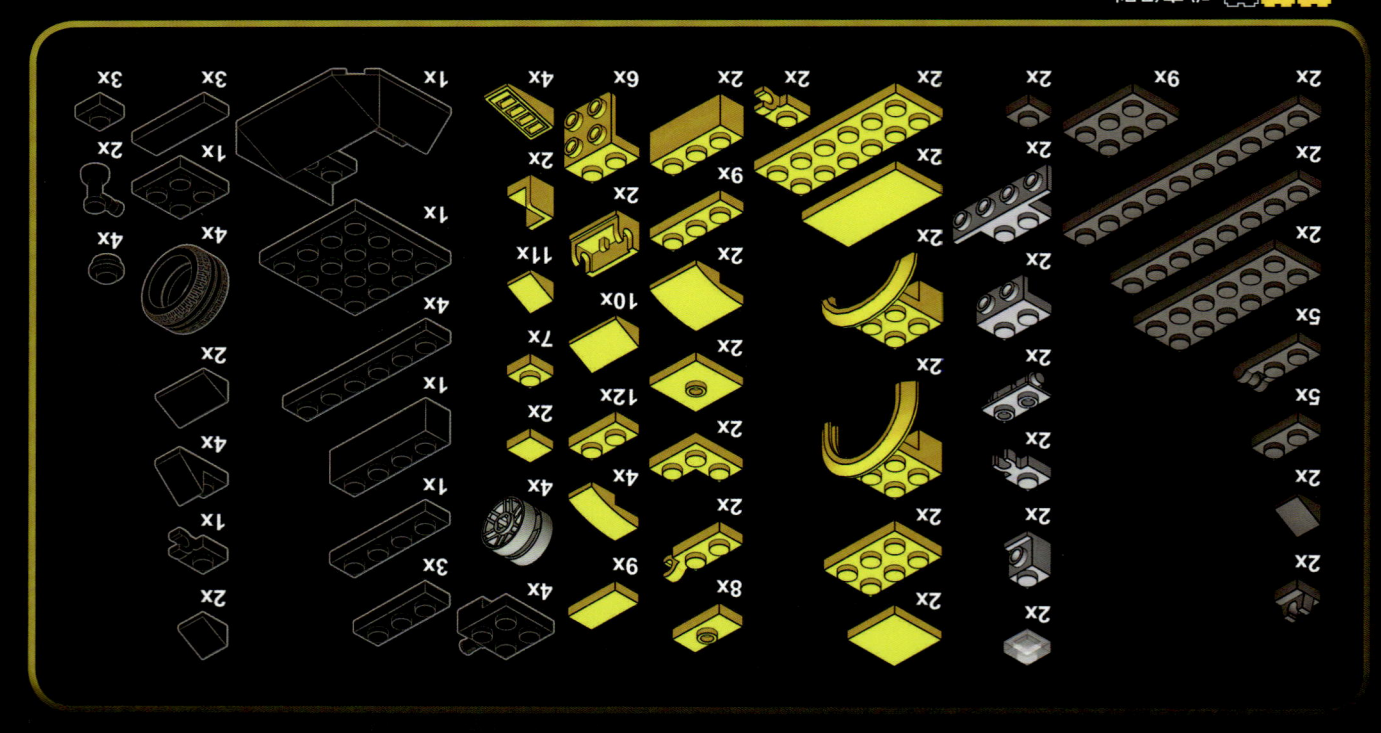

Lamborghini Countach

三轮差距 RC Countach

Lamborghini
Countach

兰博基尼Countach

1

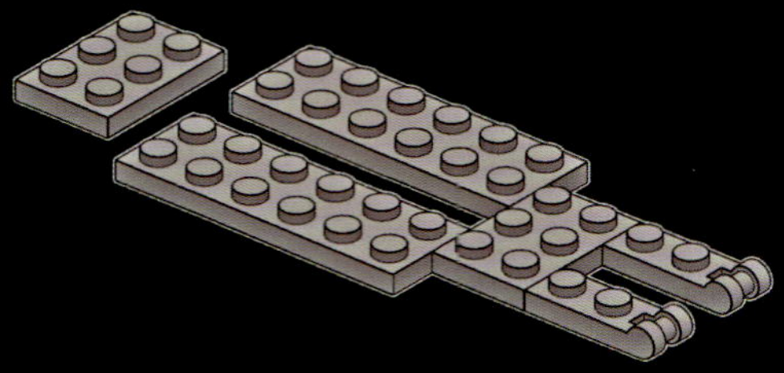

2

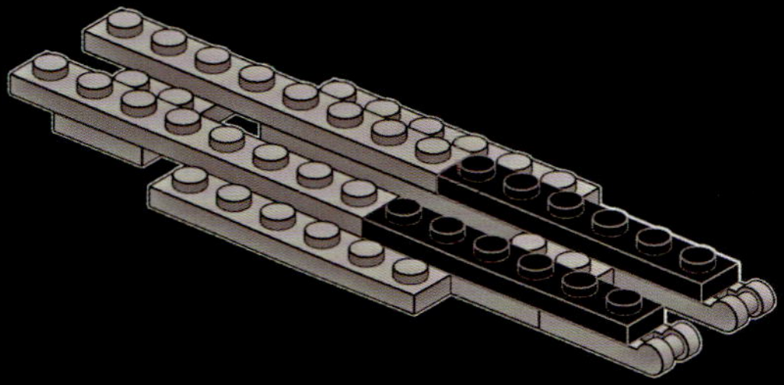

3

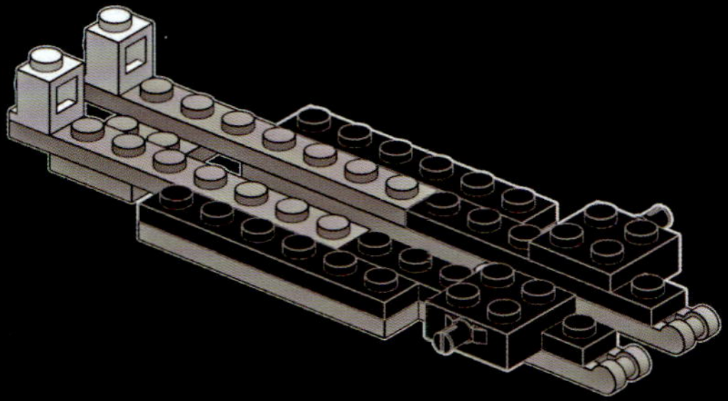

4

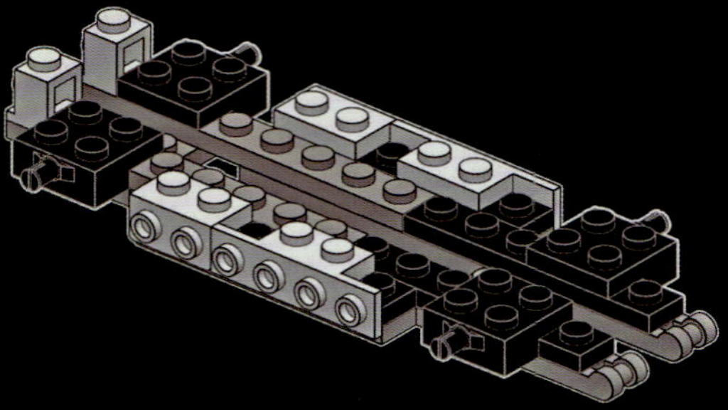

5

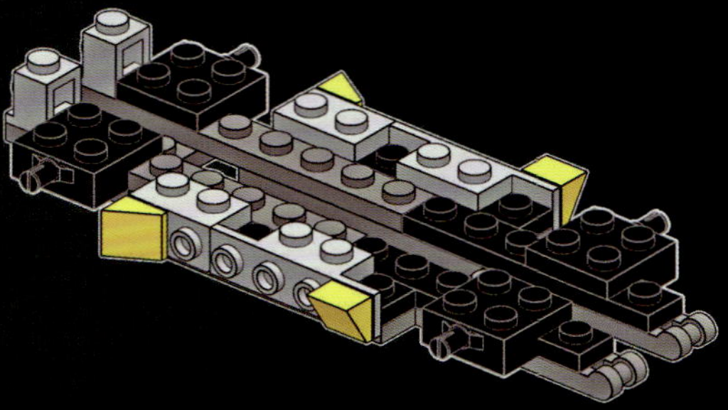

6

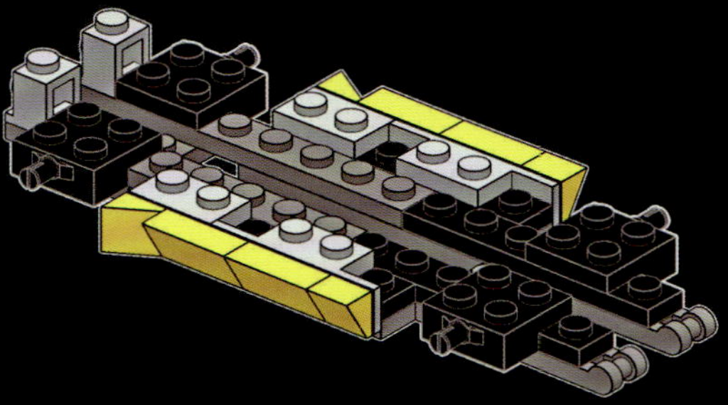

75

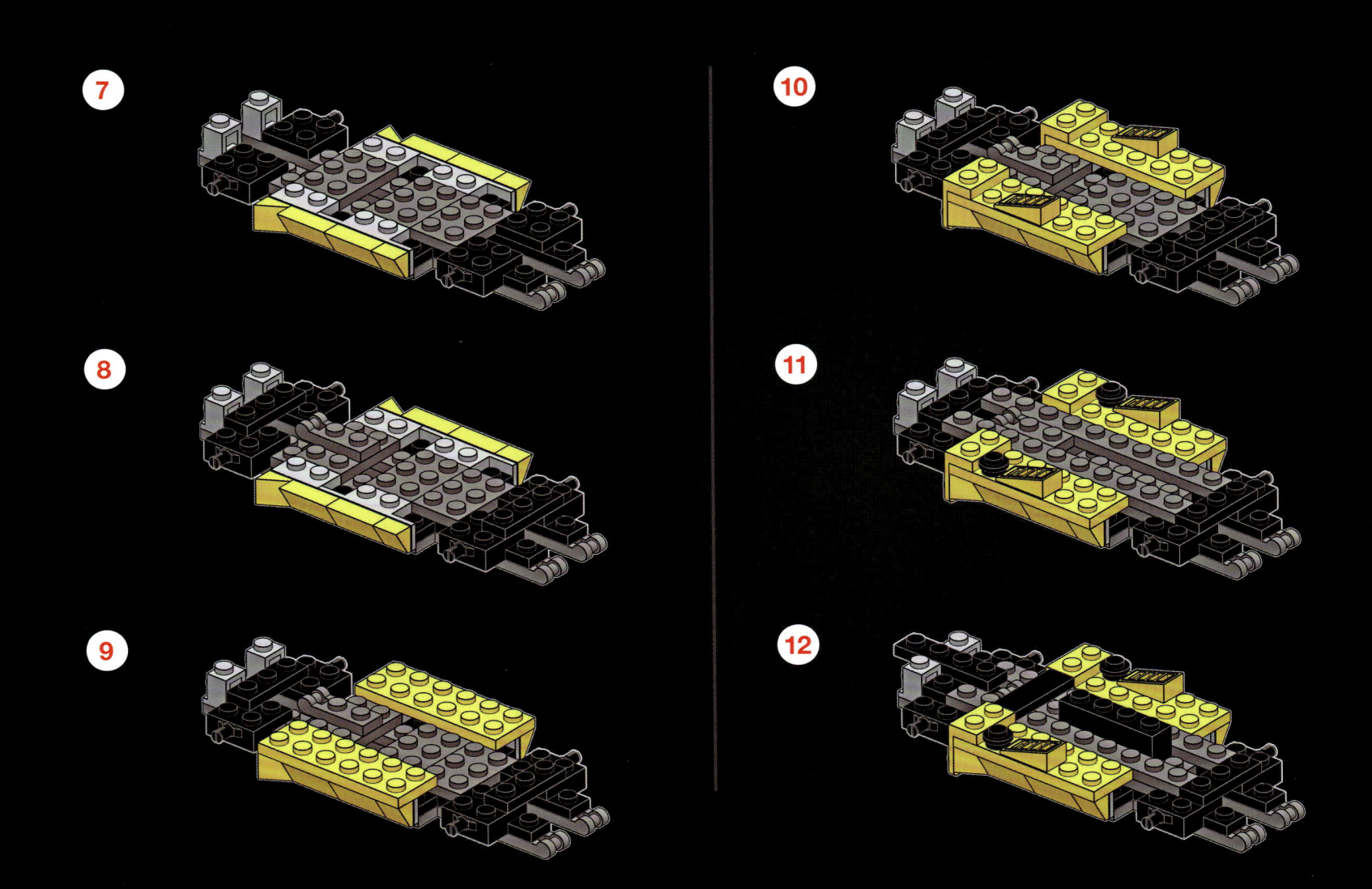

13

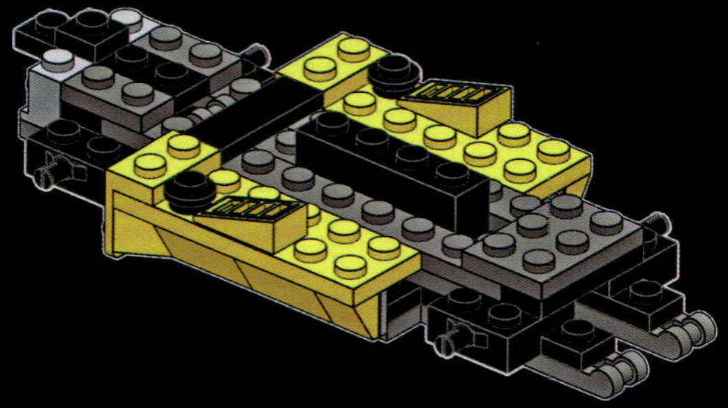

14

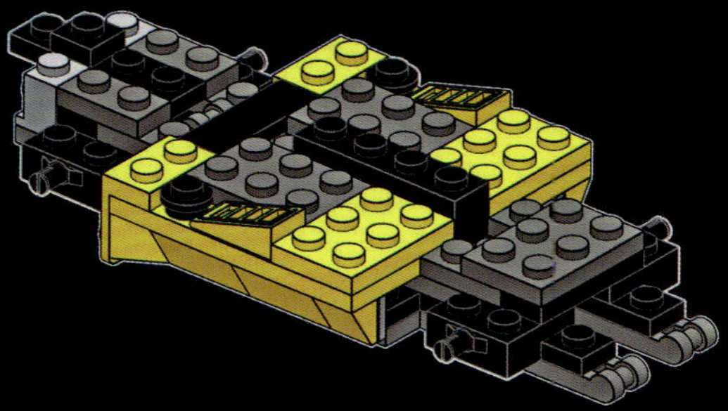

15

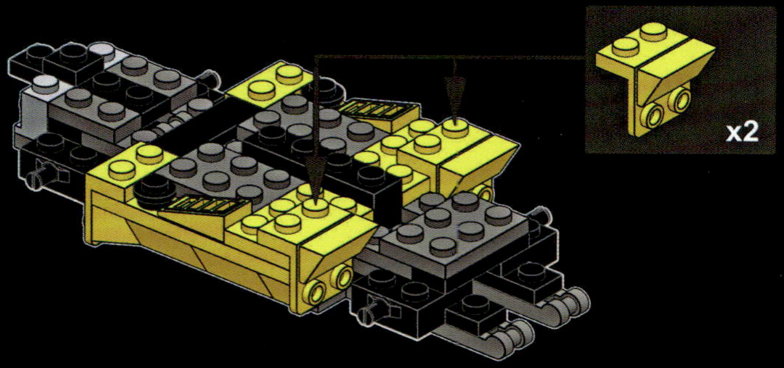

16

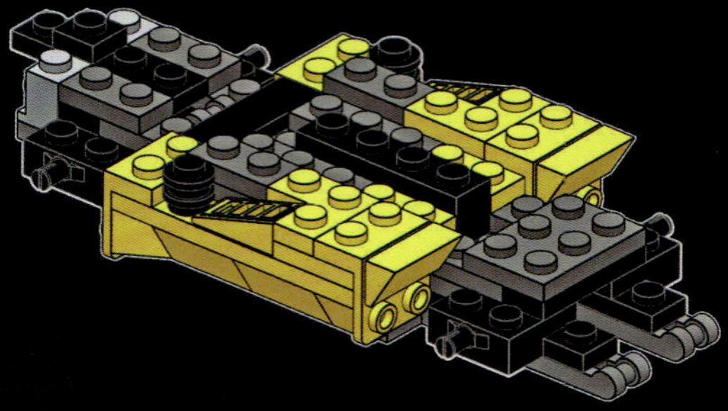

17

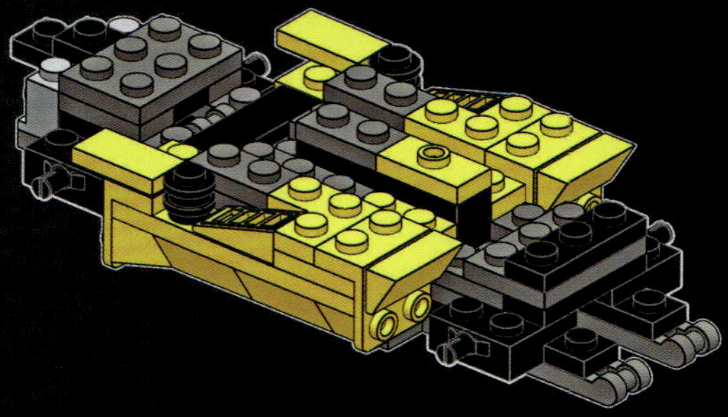

18

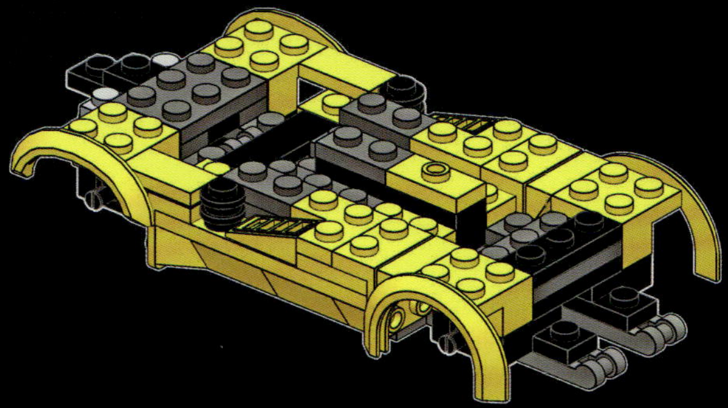

19

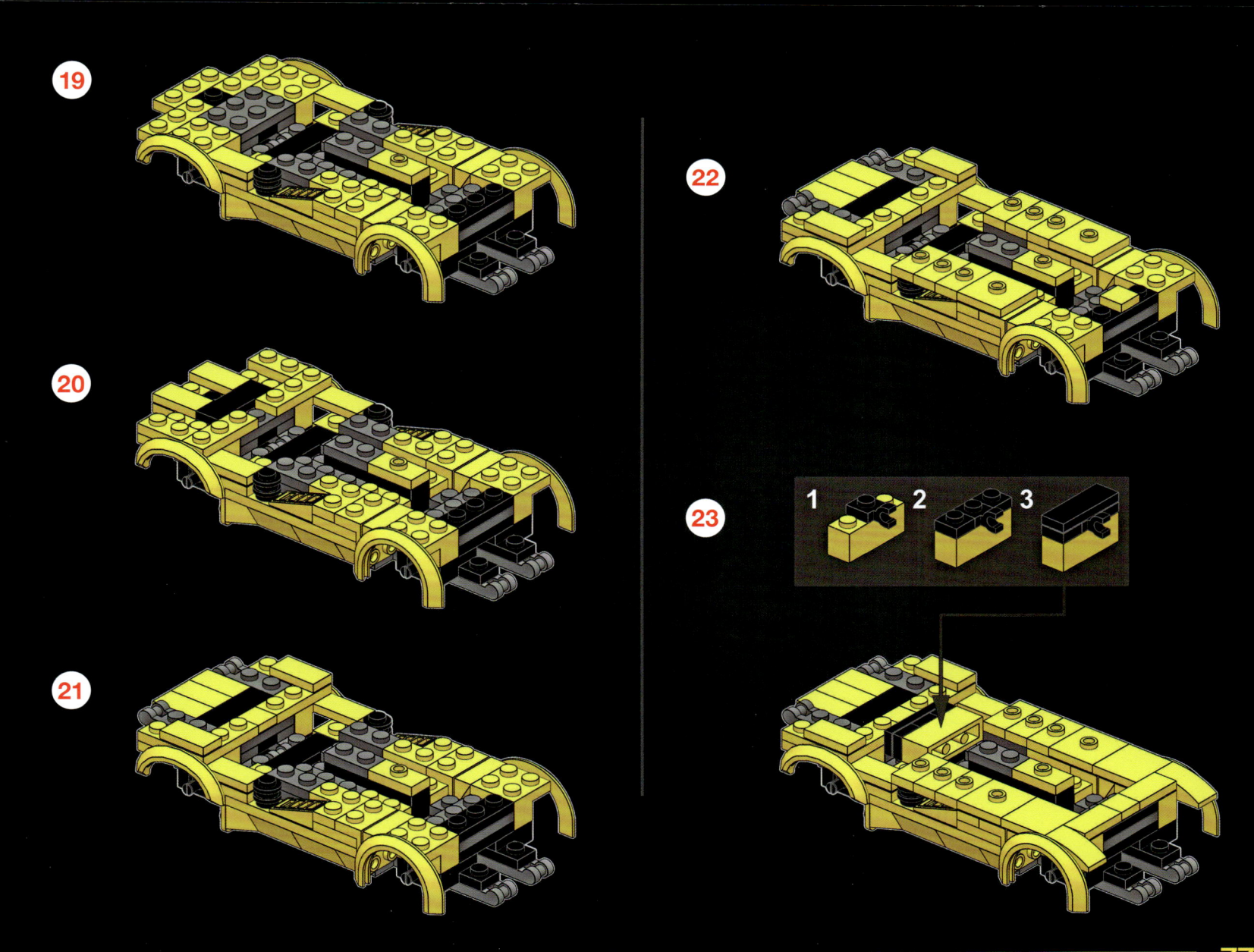

20

21

22

23
1 2 3

77

24

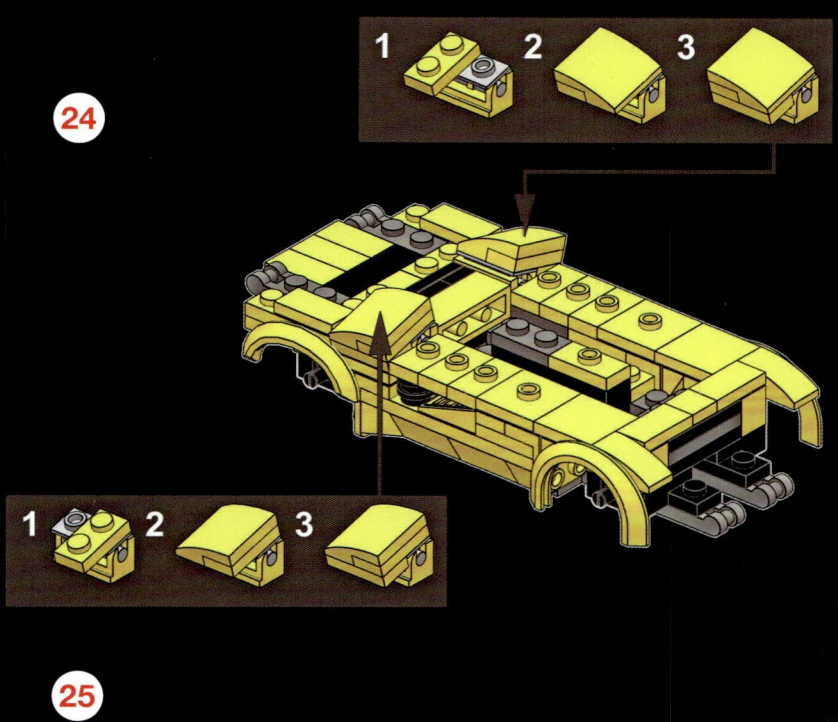

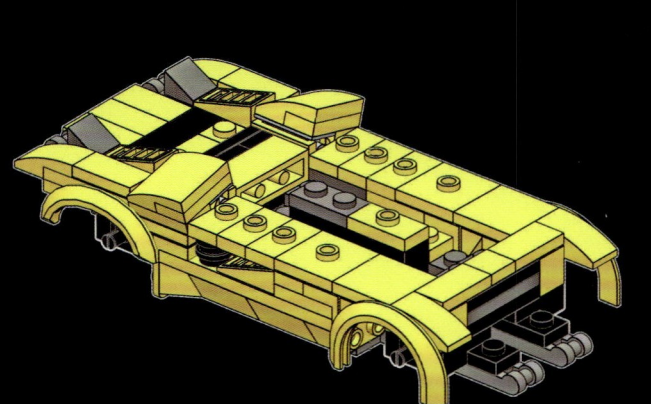

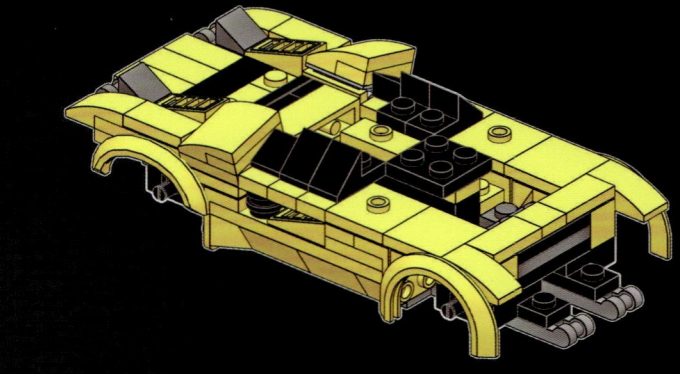

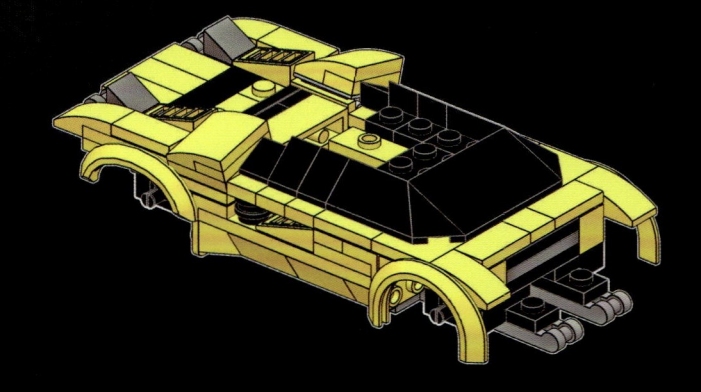

25

26

27

28

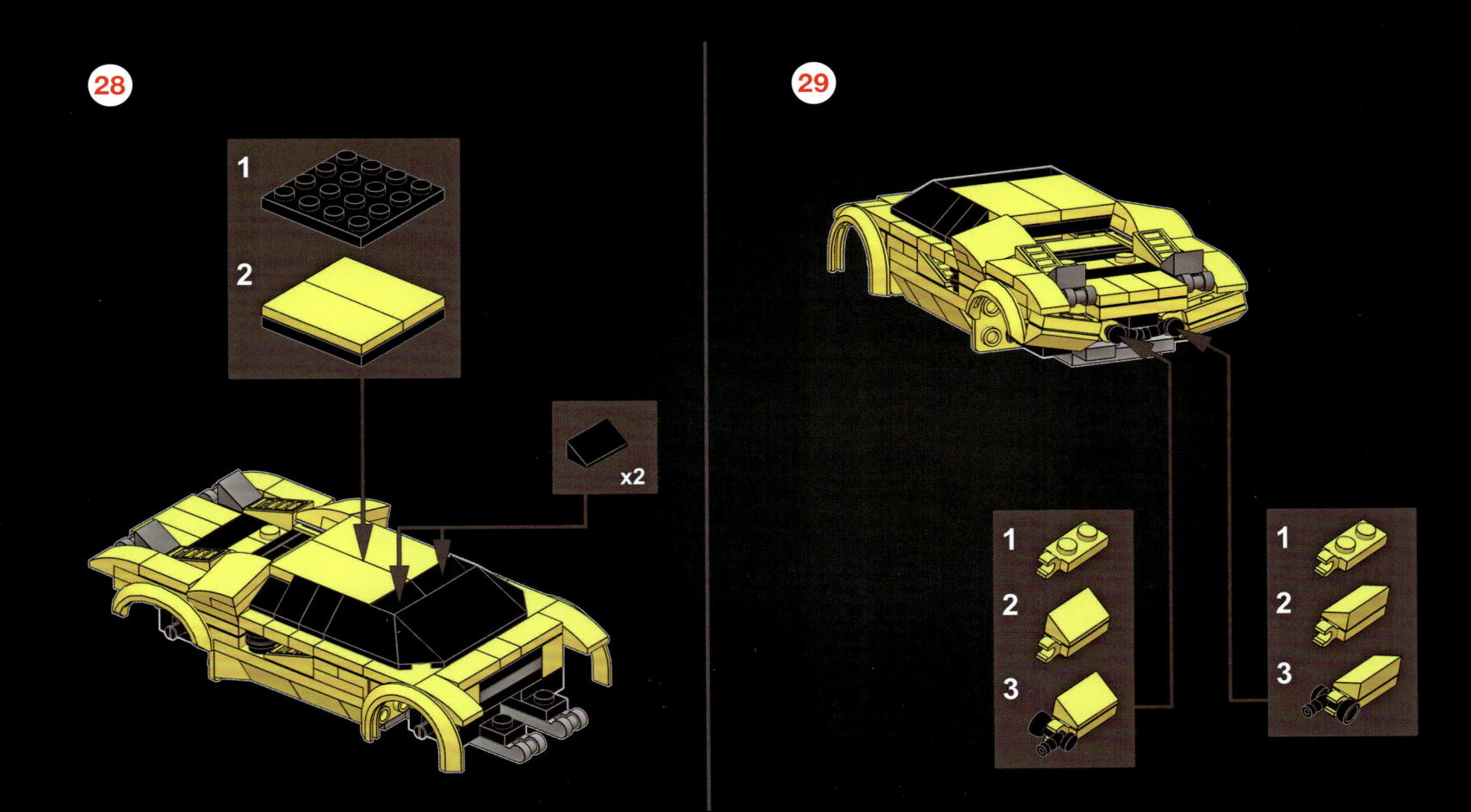

29

79

30

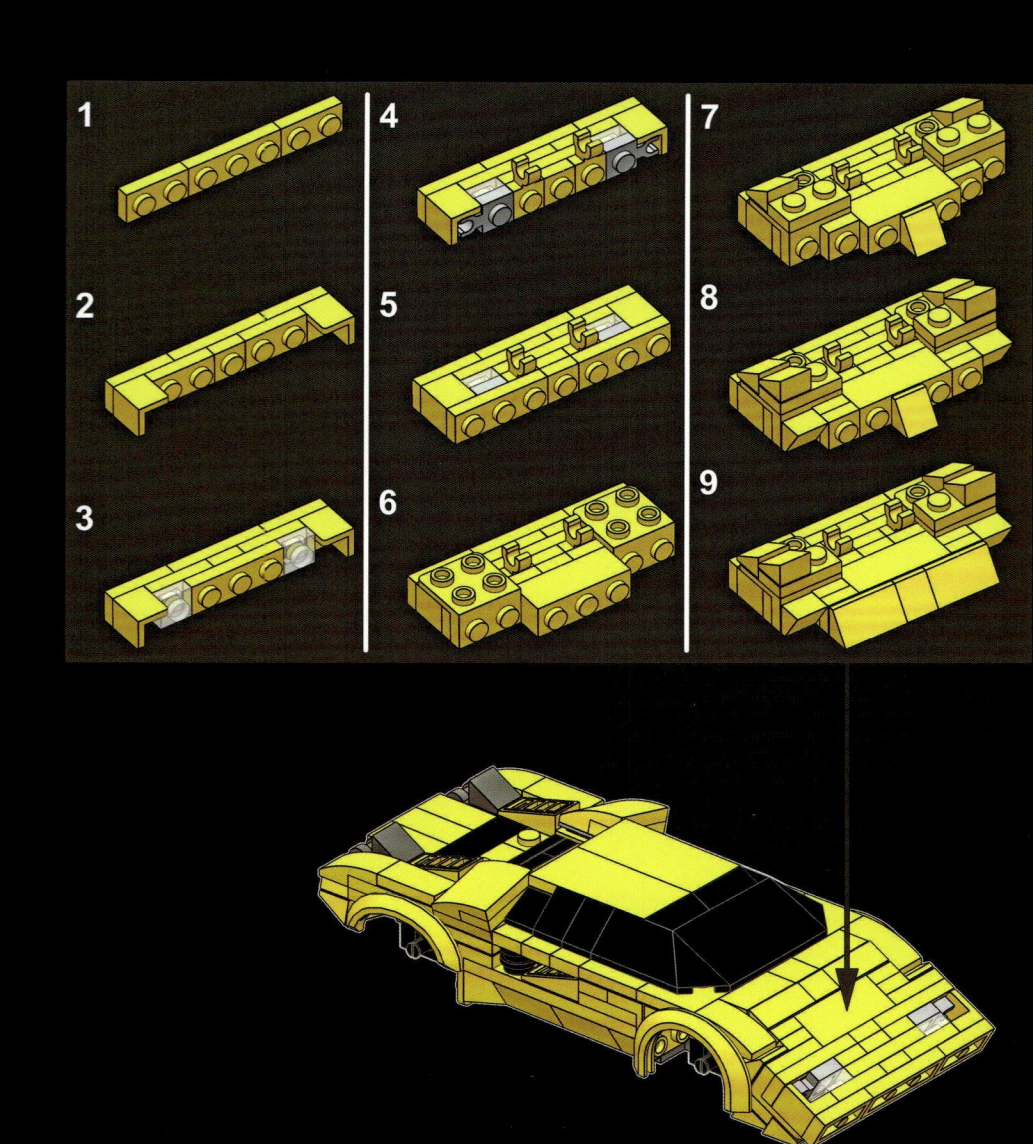

1
2
3
4
5
6
7
8
9

31

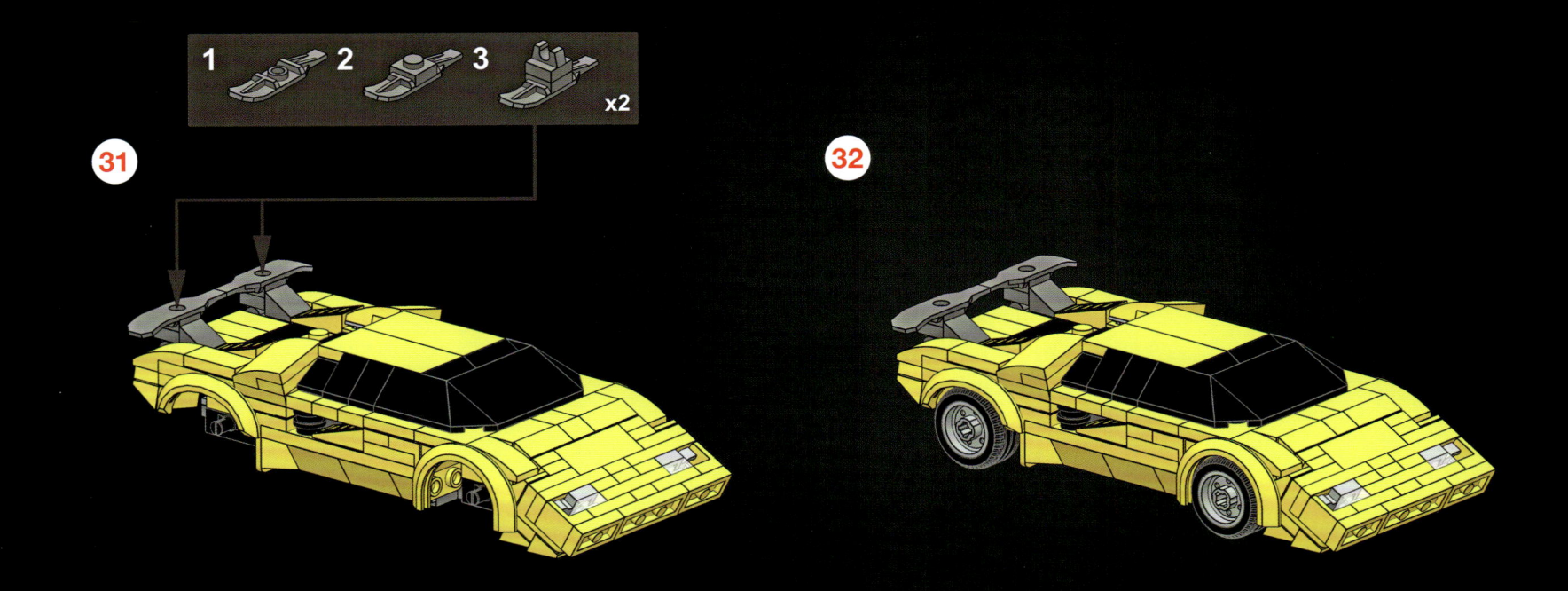

1   2   3   x2

32

其他ересь

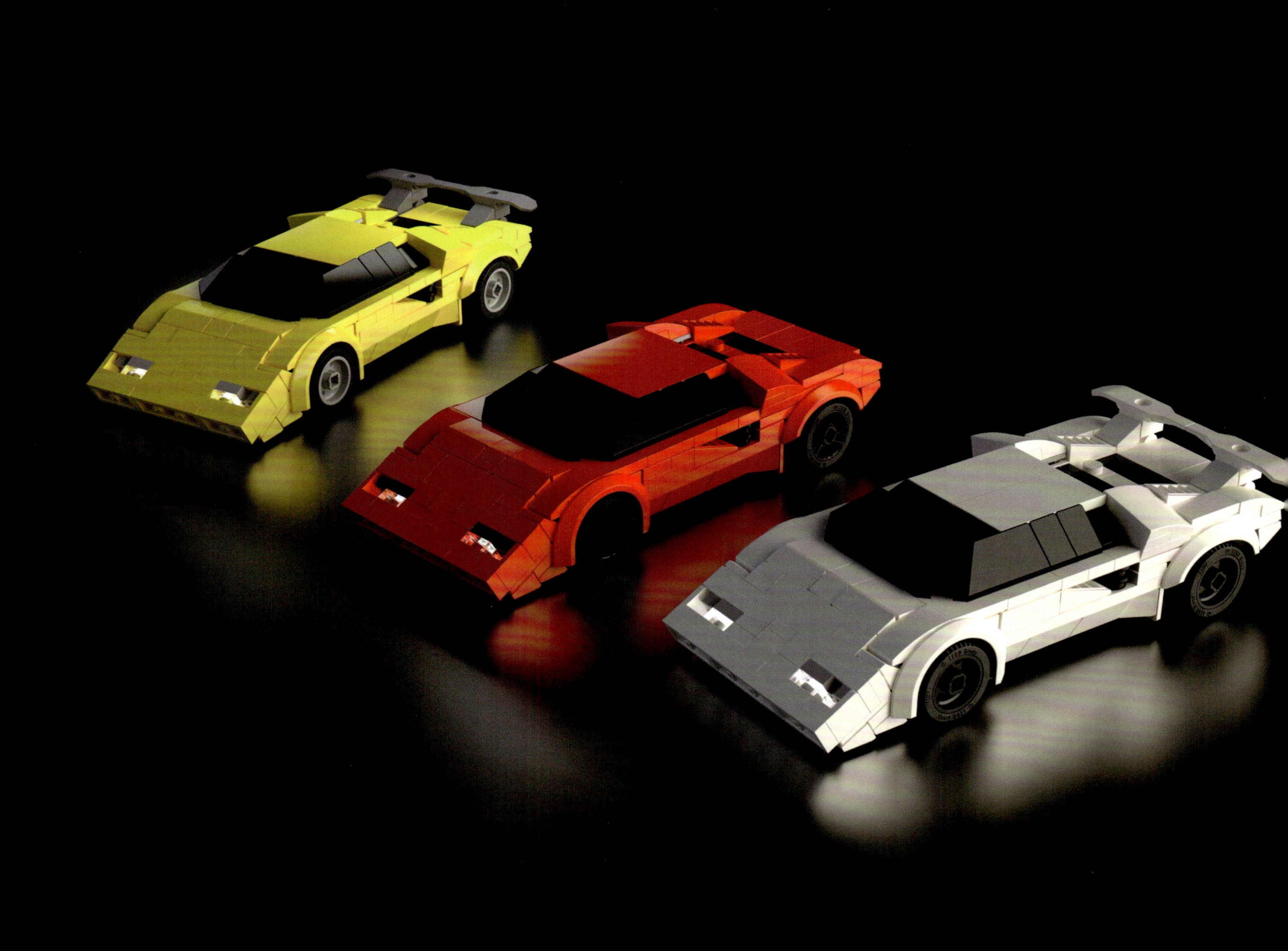

Ferrari F40

法拉利F40

Ferrari F40

法拉利F40

品牌故事

称法拉利F40为一个里程碑一样的存在，至少有两个原因：它是法拉利公司成立四十周年的纪念之作；也是恩佐·法拉利亲自监督研制的最后一辆汽车，作为他献给世界运动汽车和赛车界的最后遗赠。F40为赛车而设计，旨在成为速度的代名词，所以其设计也是十分精炼的，不仅减轻了重量，还去掉了一些让法拉利对一些客户来说过于奢华的装饰，没有汽车脚垫、音响、中控锁、座椅上的皮革等细节，而是使用碳纤维和凯夫拉尔（Kevlar）合成纤维作为车身，挡风玻璃和窗户均使用有机玻璃，宾尼法利纳（Pininfarina）特有的奇特棱角设计车型。车身表面的材料薄到几乎可以看到底层材料的纹理。

效果当然也是显著的。3.0升双涡轮增压V8发动机让拥有骨感车身的F40成为一款适合强劲驾驶者的汽车。在正常驾驶条件下，F40显得有些不守规矩和问题百出；当需要立即加速时，还会振动和嘎吱作响。坐在车内也很不舒服，后视范围也很差。然而它却是第一辆速度超过200英里每小时的赛车。恩佐·法拉利本人声称他一点也不在乎细节，他想要的是当踩下油门时，驾驶者被吓得魂不附体的感觉。

另一方面，法拉利凭借自己的终极创造力征服了比勇敢的赛车手更广泛的公众，他们在当时可以承受40万美元的标价。F40在20世纪80年代后期出现在许多海报上，现在则在无数类似F40 Pursuit Simulator这样的电子游戏中被粉丝所驾驶，除此之外也常被制作成缩小版的精致模型。

汽车配置

通用性描述：
生产年份：1987~1992
产量：1337辆
均价：400,000美元
今市值估价：140,000美元
前身车型：法拉利288 GTO
后续车型：法拉利F50

物理性能：
车身尺寸：4358.64mm × 1981.2mm × 1127.76mm
重量：1300kg

动力：
最高车速：324km/h
百公里加速：4.2s
油耗：15L/100km

发动机参数：
气缸数：V形8缸
排量：2.9L
发动机功率：351kW
驱动：后轮驱动

Ferrari F40

法拉利F40

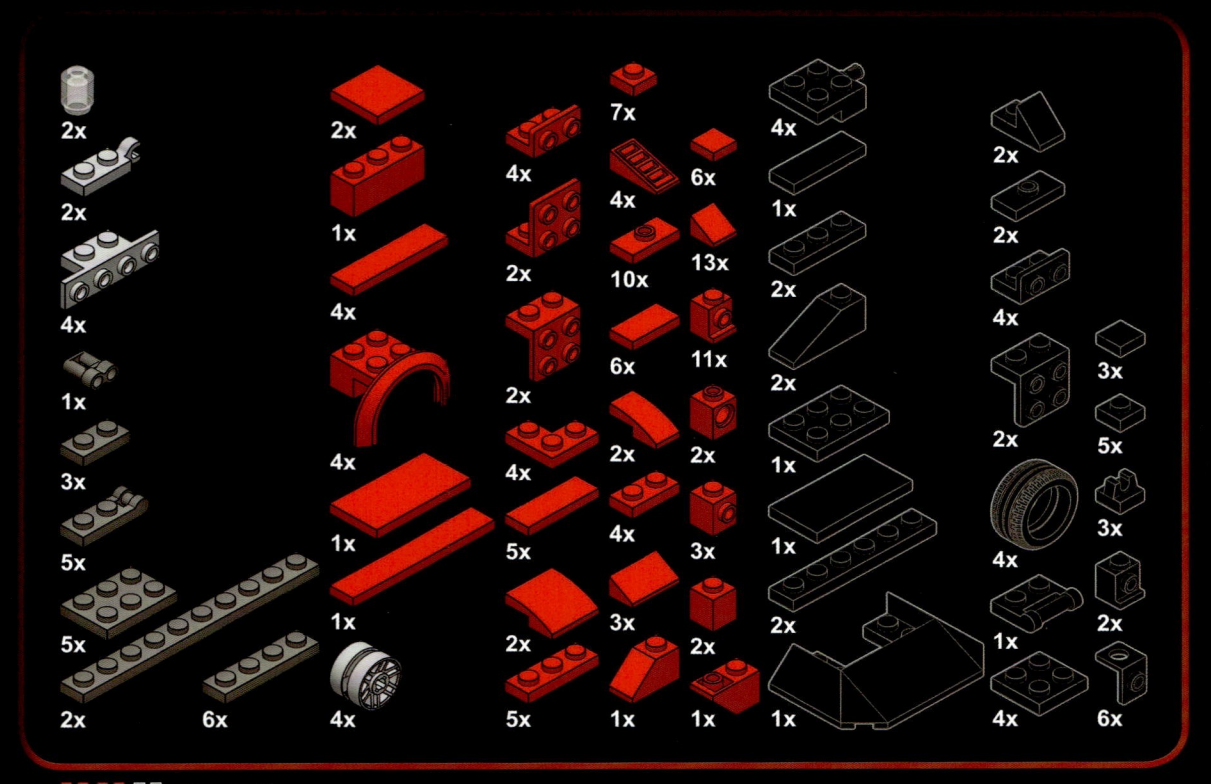

扫码看教程

难度级别

Ferrari F40

法拉利F40

1

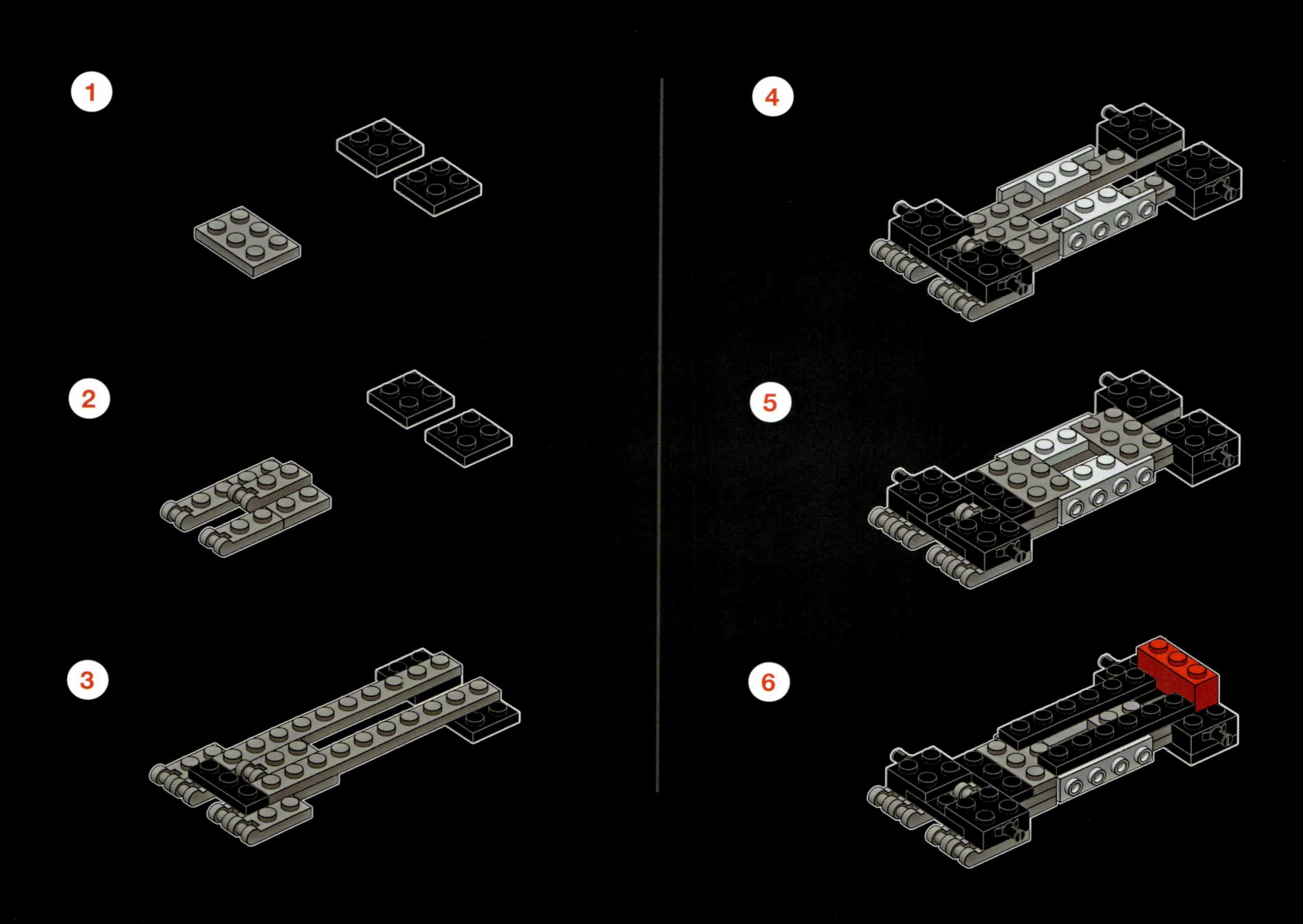

2

3

4

5

6

7

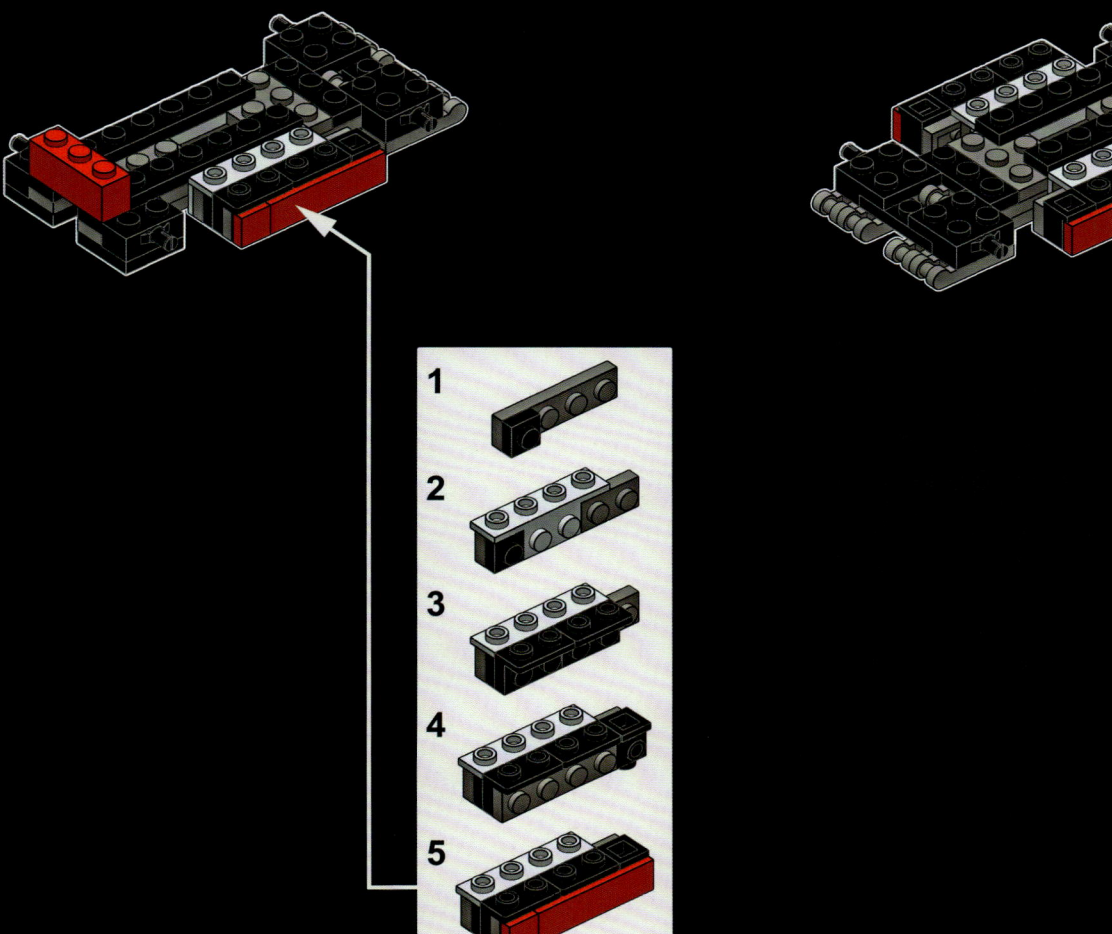

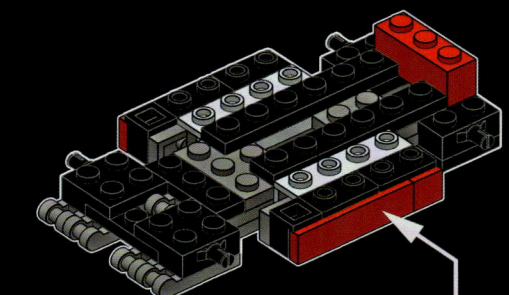

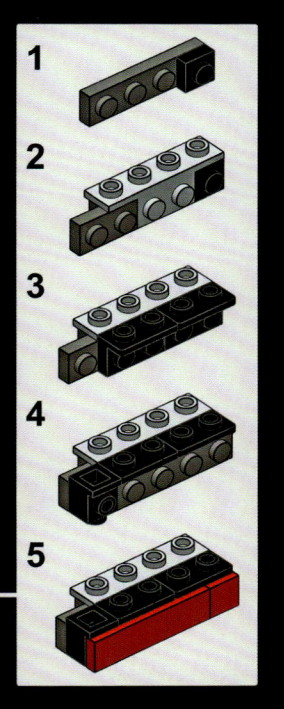

1
2
3
4
5

8

1
2
3
4
5

9

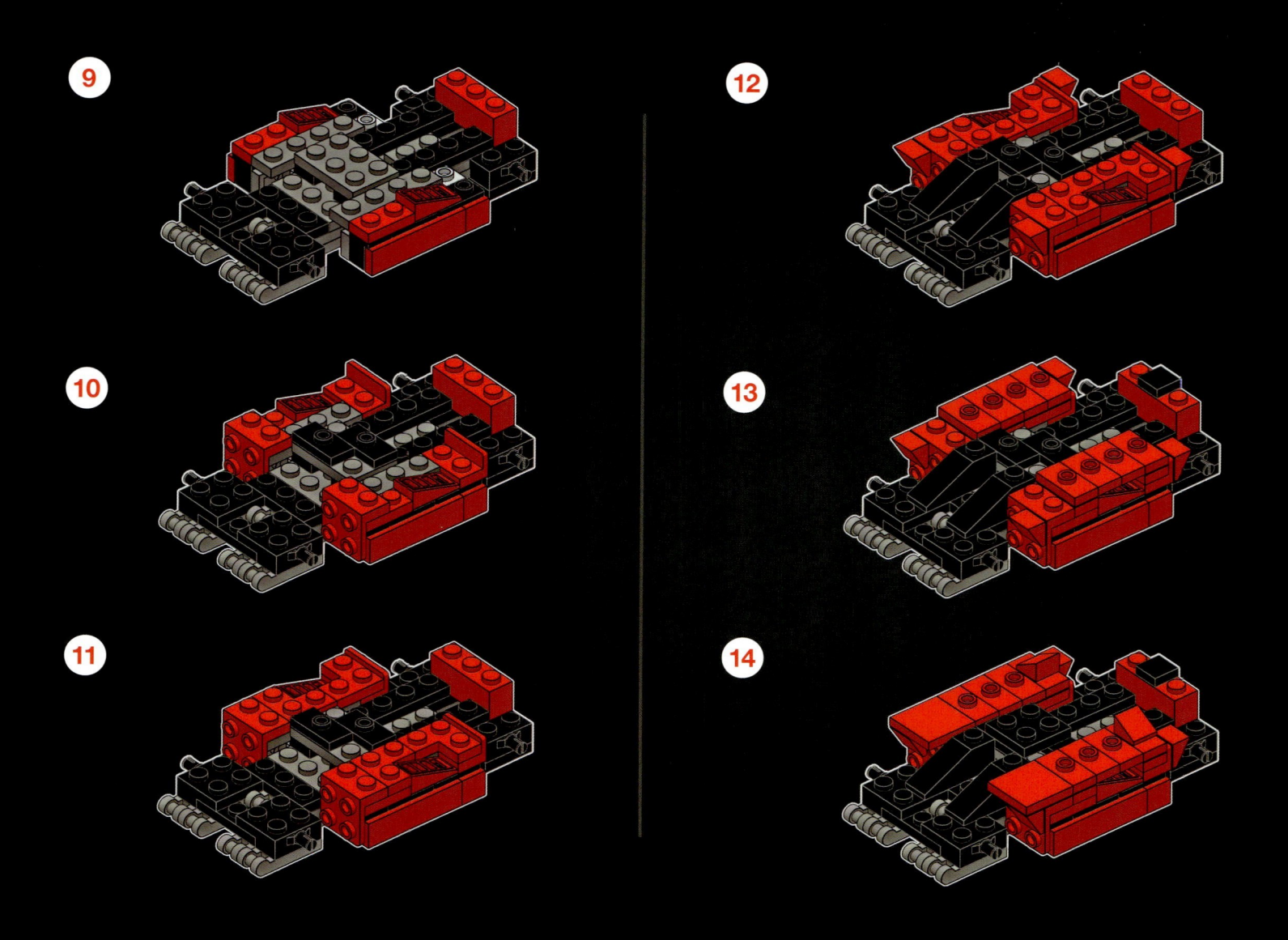

10

11

12

13

14

15

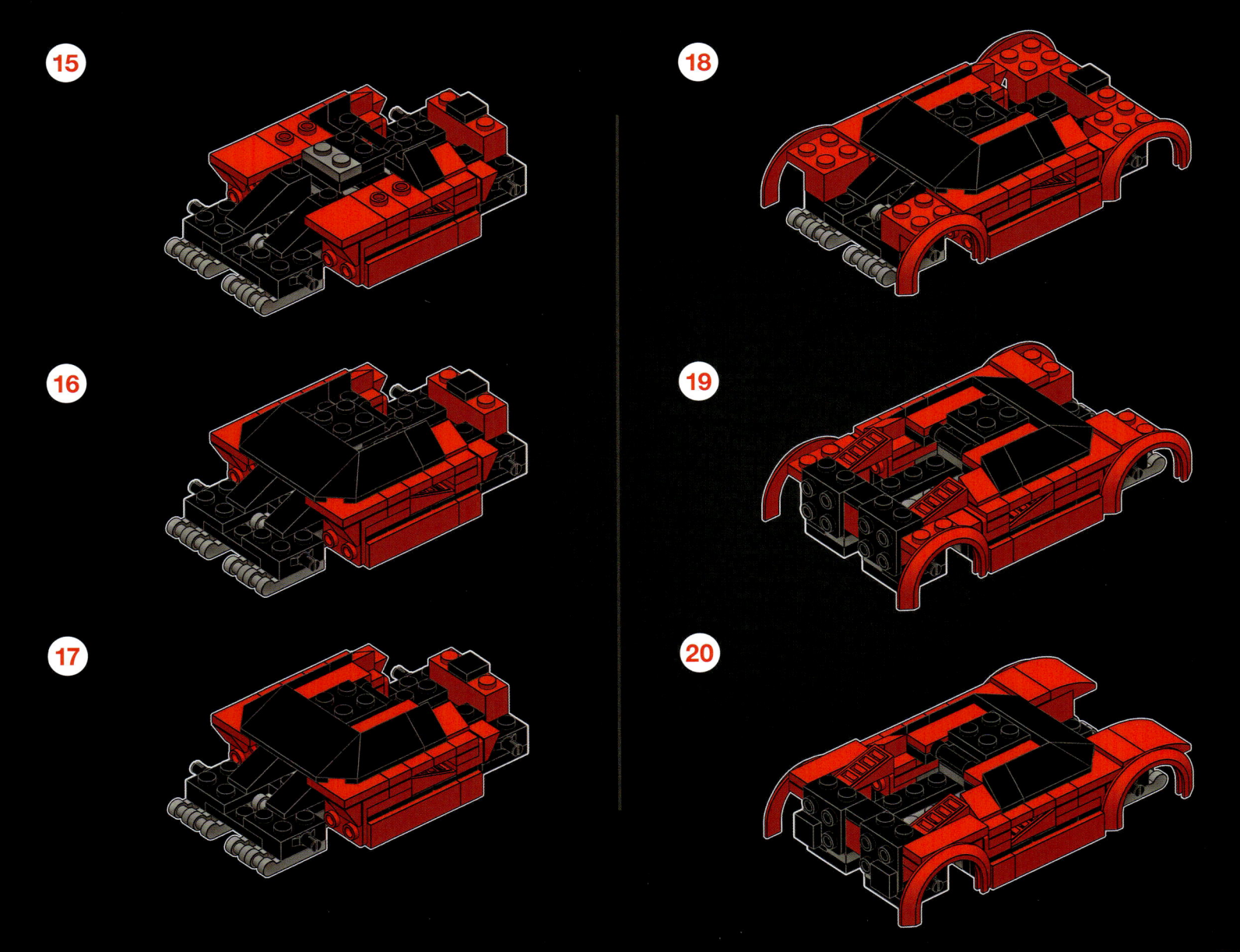

16

17

18

19

20

91

21

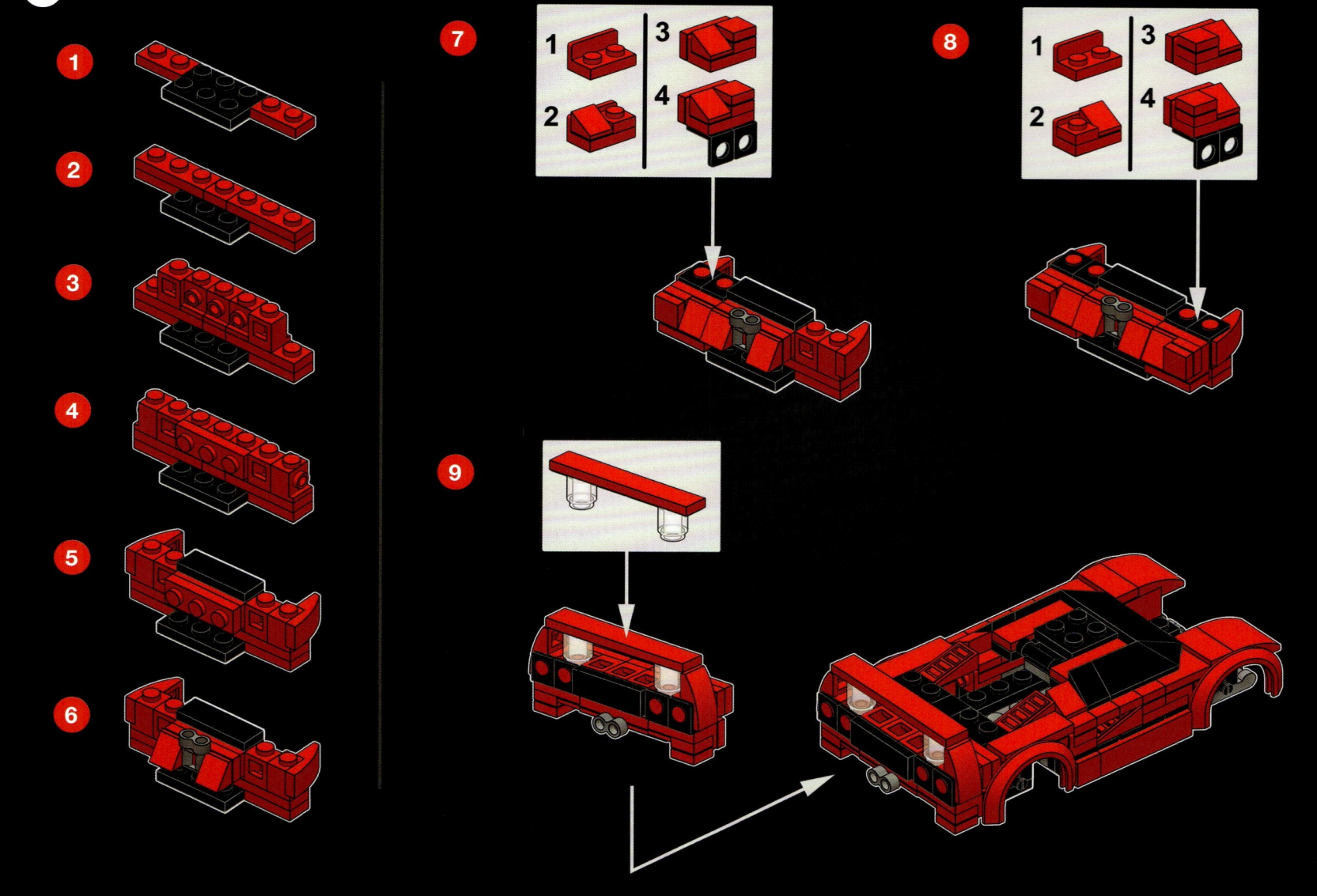

22

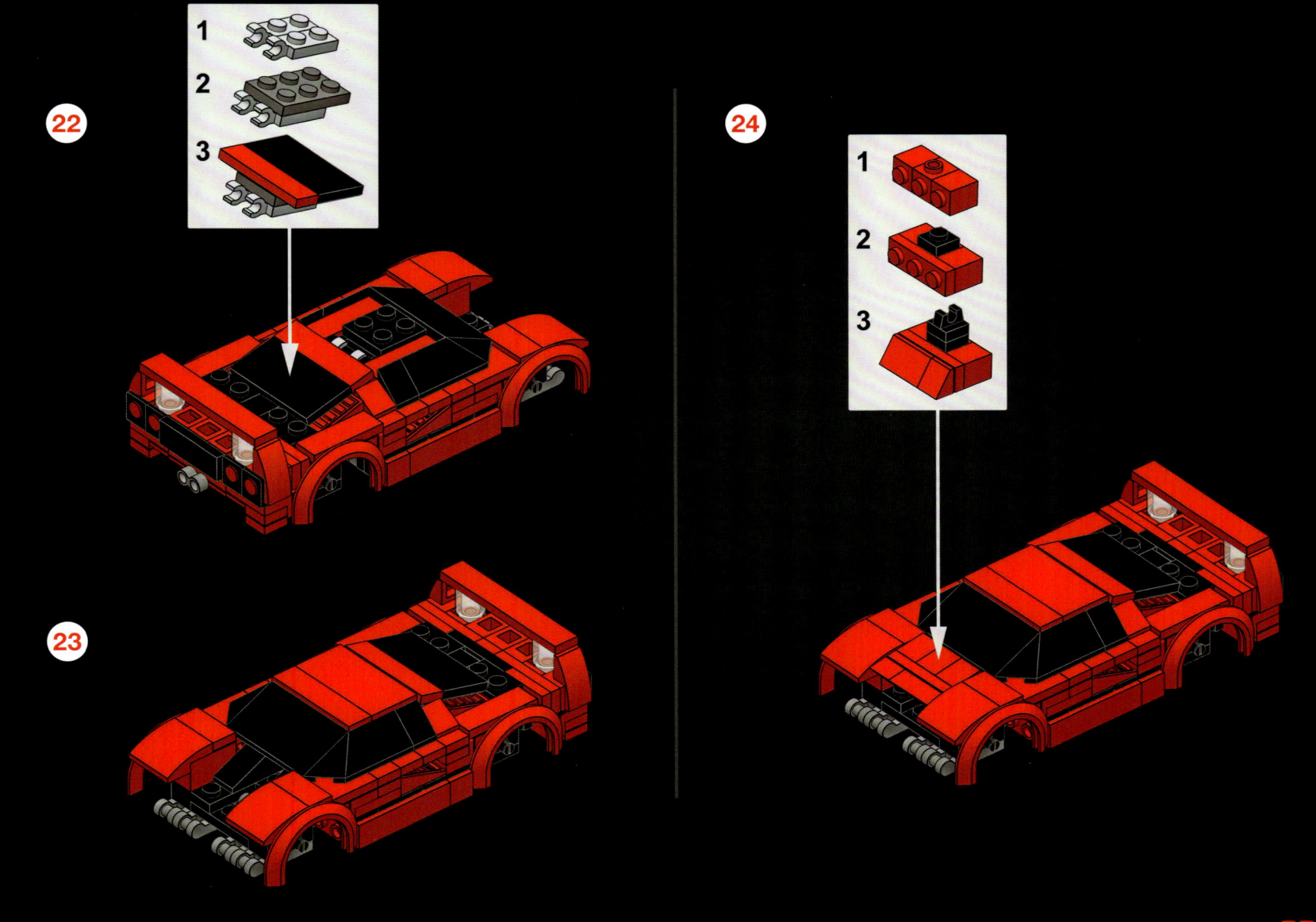

1
2
3

23

24

1
2
3

93

25

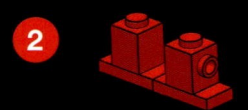

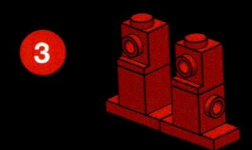

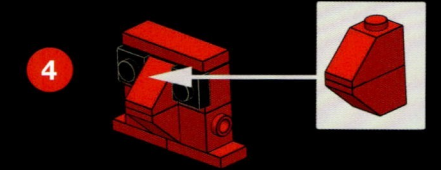

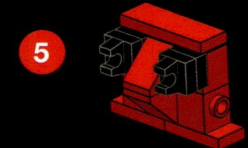

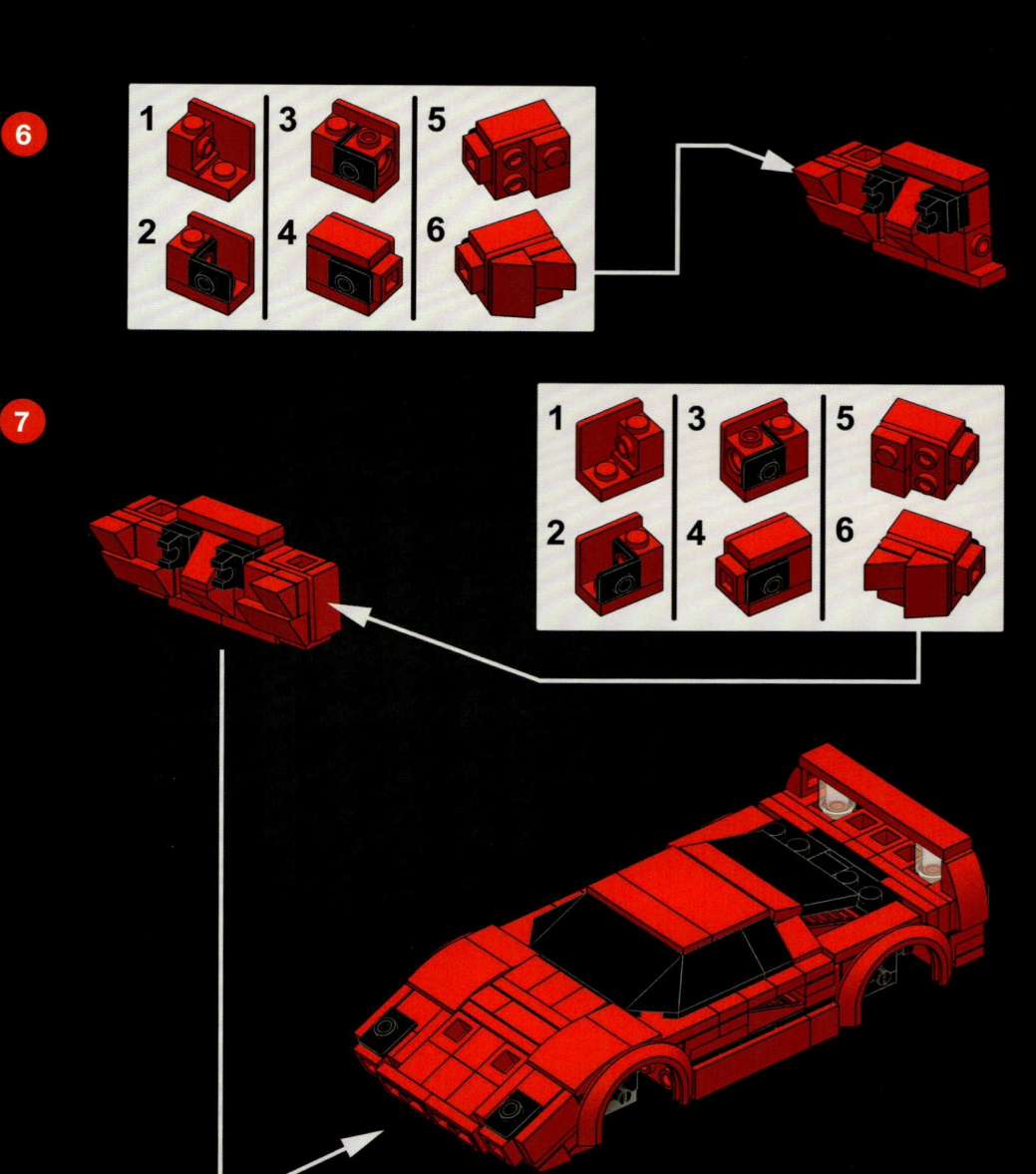

26

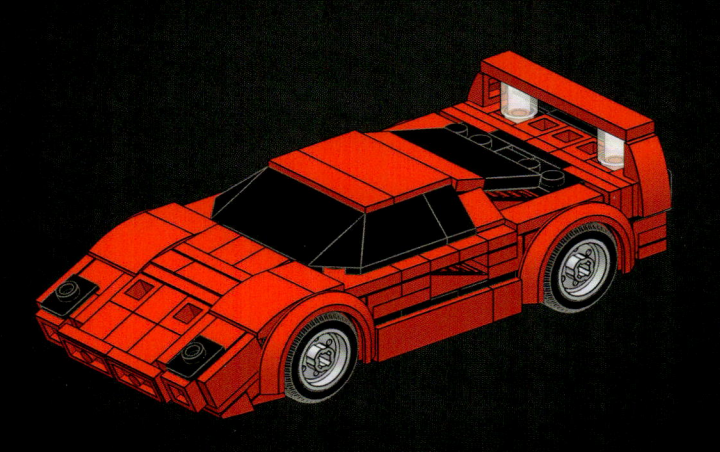

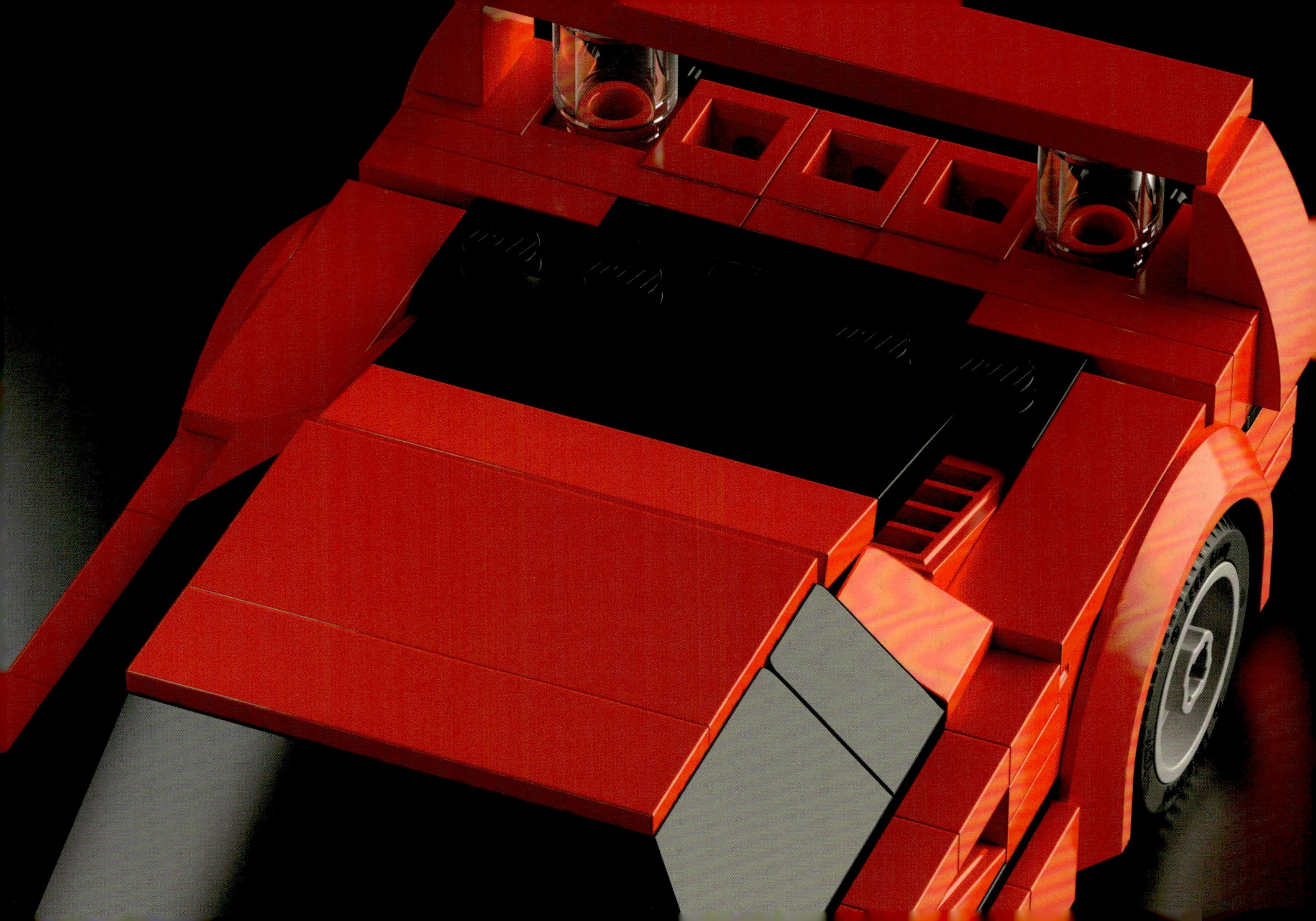

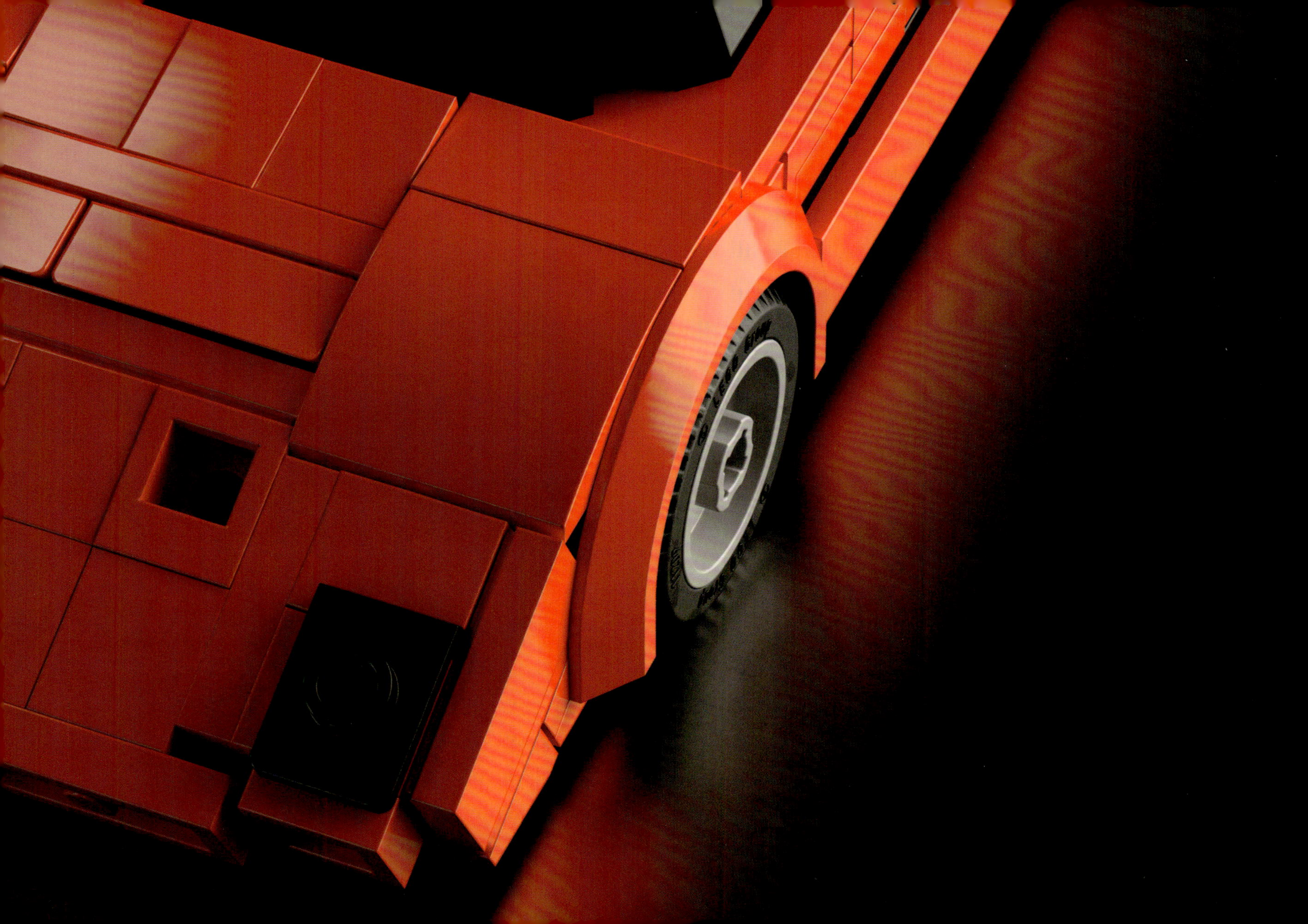

PAGANI

Zonda Cinque

帕加尼Zonda Cinque

PAGANI Zonda cinque

帕加尼Zonda Cinque

品牌故事

  Pagani Zonda Cinque是一辆梦幻跑车，它的名字让人联想到赛车，摘取"安第斯山脉的风"之意，被称为"风之子"。帕加尼Zonda的诞生要感谢这两位阿根廷人：奥拉西欧·帕加尼（Horacio Pagani），一位从阿根廷移民到意大利的前帕加尼员工；另一位是F1车神范吉奥（Manuel Fangio）。前者拥有制造出这辆非比寻常的赛车的梦想和实力，后者说服了梅赛德斯奔驰参与制造了发动机。

  第一辆Zonda（C12）产于1999年。它本来应该叫范吉奥 F1的，但是Fangio在车问世的5年前去世了，所以最后选择了Zonda这个名字，以纪念这位车神和他的家乡。这款新车达到了205英里每小时的时速，建造它所使用的超轻而坚固的材料远远领先于同类车型，并且将外观改装成了梅赛德斯赛车的极端设计。在Zonda上市之后的3年里，中置发动机被不断改进，其时速也达到了217英里每小时，并且拥有了新的后扰流板，但是这辆Zonda C12并没有跨入赛场，而是由经过改进了空气动力学设计、悬架和制动装置的Zonda GR代替上场，虽然在勒芒和锡布灵赛事中出尽了风头，但并没有取得比赛的胜利。2005年，Zonda F问世，最终使用了Fangio的名字首字母F命名，并且配备着最新的设计，不仅是改良过的进气口和排气管，而且还有新的扰流板、重新设计的前车灯和敞篷车型。Zonda F之后紧接着又迎来了Zonda R系列，使用了帕加尼·瓦里拉（Pagani Huayra）的测试模型；然后是Zonda Cinque，R的复刻款，取这个名字是因为只生产了5辆。这个不寻常的公司，20年的时间里只生产了5个版本和25种独一无二的车型，总之只有不超过137辆Zonda被生产出来。

汽车配置

通用性描述：
生产年份：2008~2010
产量：5辆
均价：1,400,000美元
今市值估价：2,200,000美元
前身车型：帕加尼Zonda F
后续车型：Zonda HP Barchetta

物理性能：
车身尺寸：4450.08mm×2072.64mm×1127.76mm
重量：1210kg

动力：
最高车速：350km/h
百公里加速：3.4s
油耗：16L/100km

发动机参数：
气缸数：V形12缸
排量：7.30L
发动机功率：499kW
驱动：后轮驱动

PAGANI

Zonda cinque

帕加尼Zonda Cinque

扫码看教程

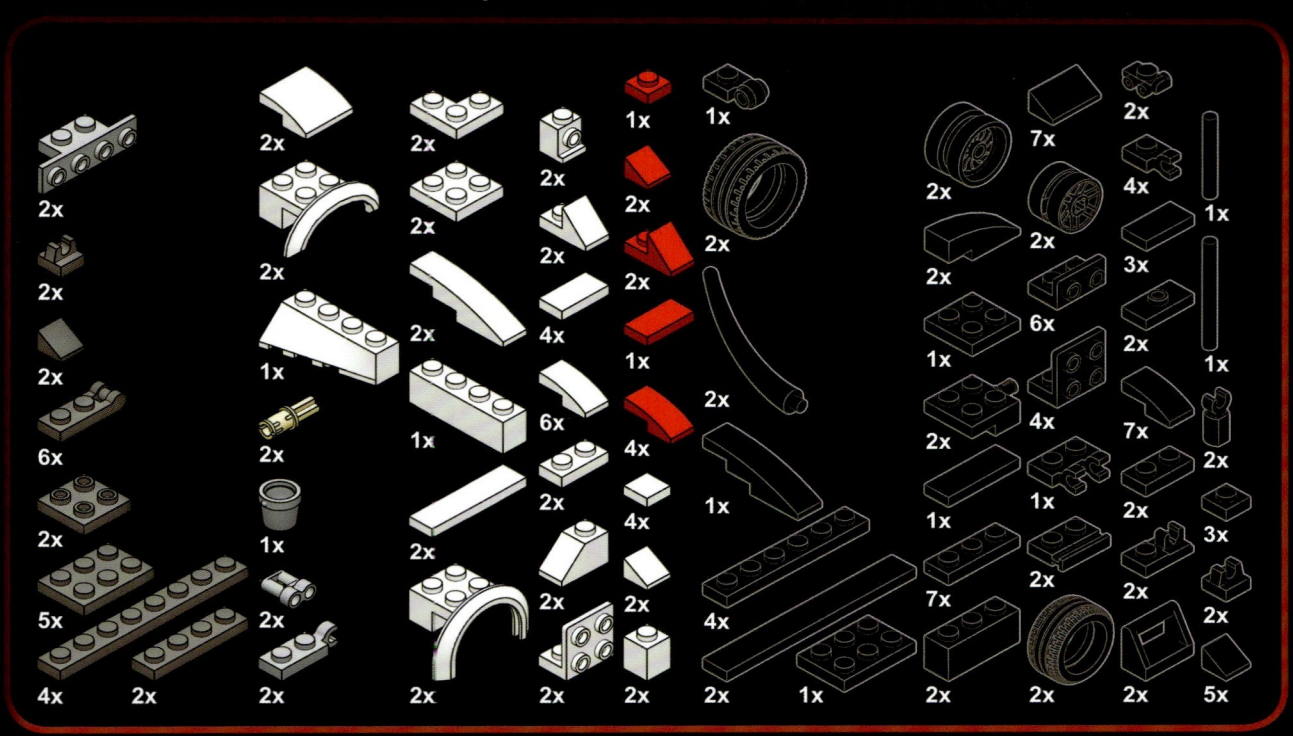

难度级别

Zonda cinque

帕加尼Zonda Cinque

1
2
3
4
5 x2
6
7

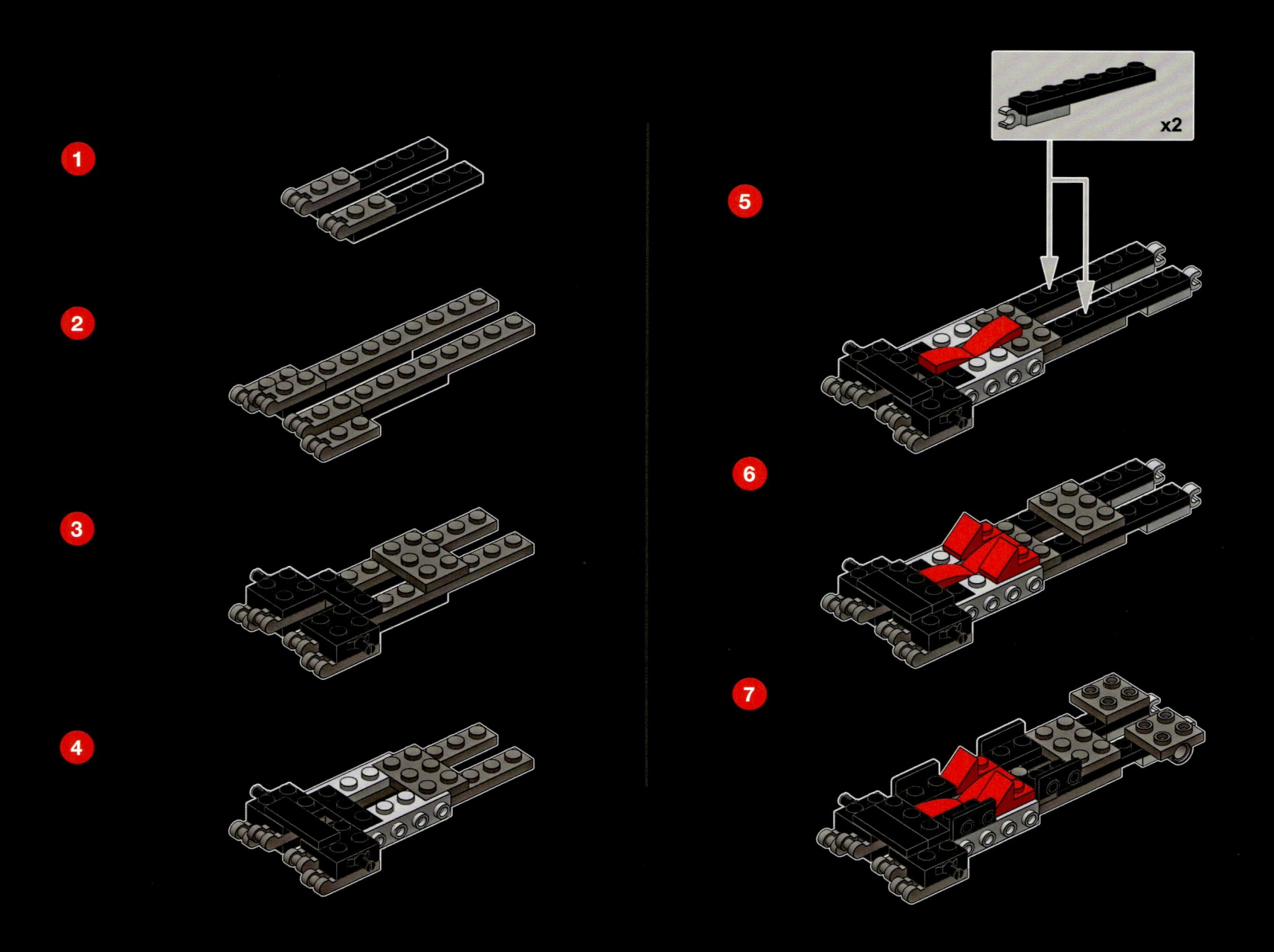

103

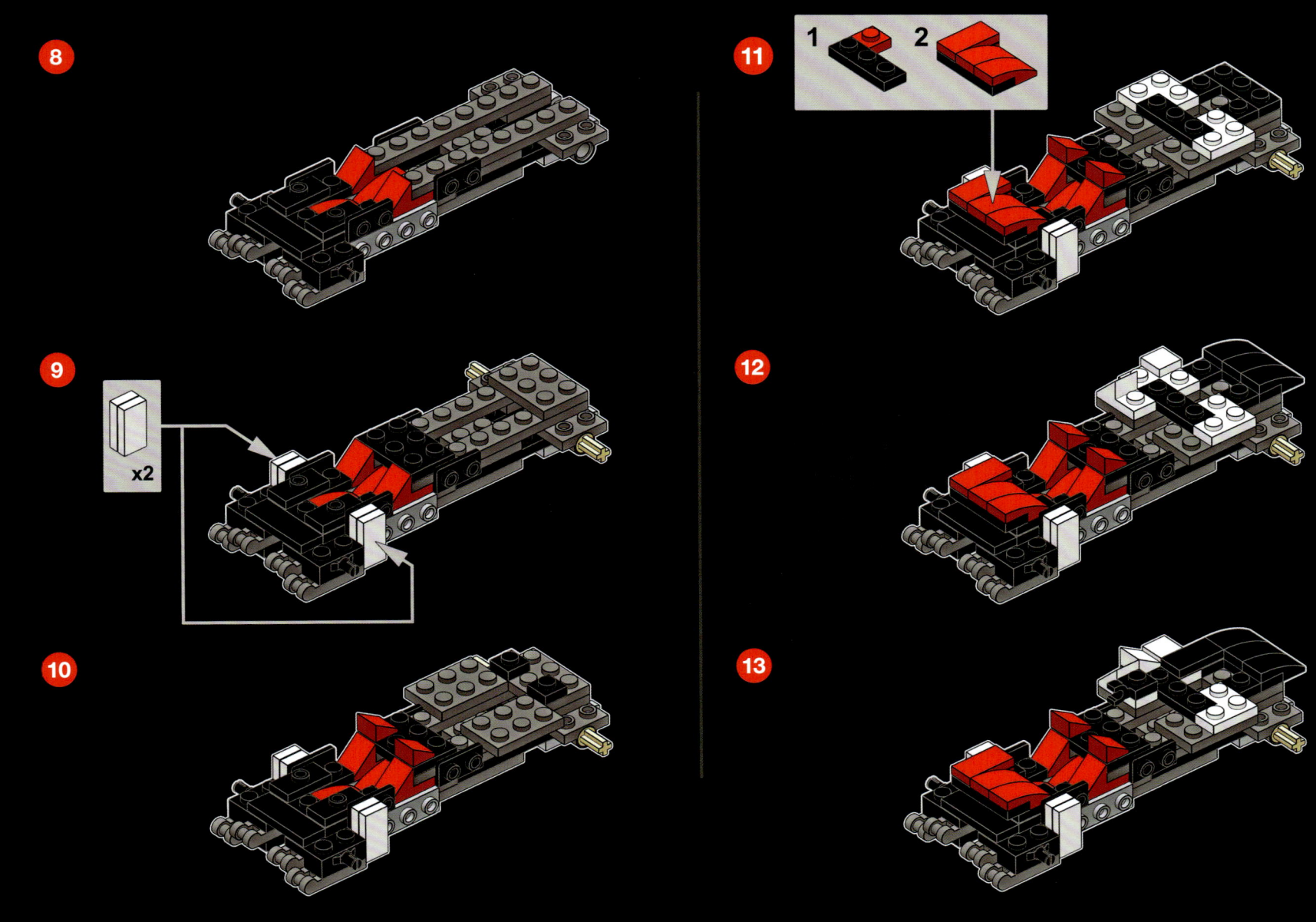

14

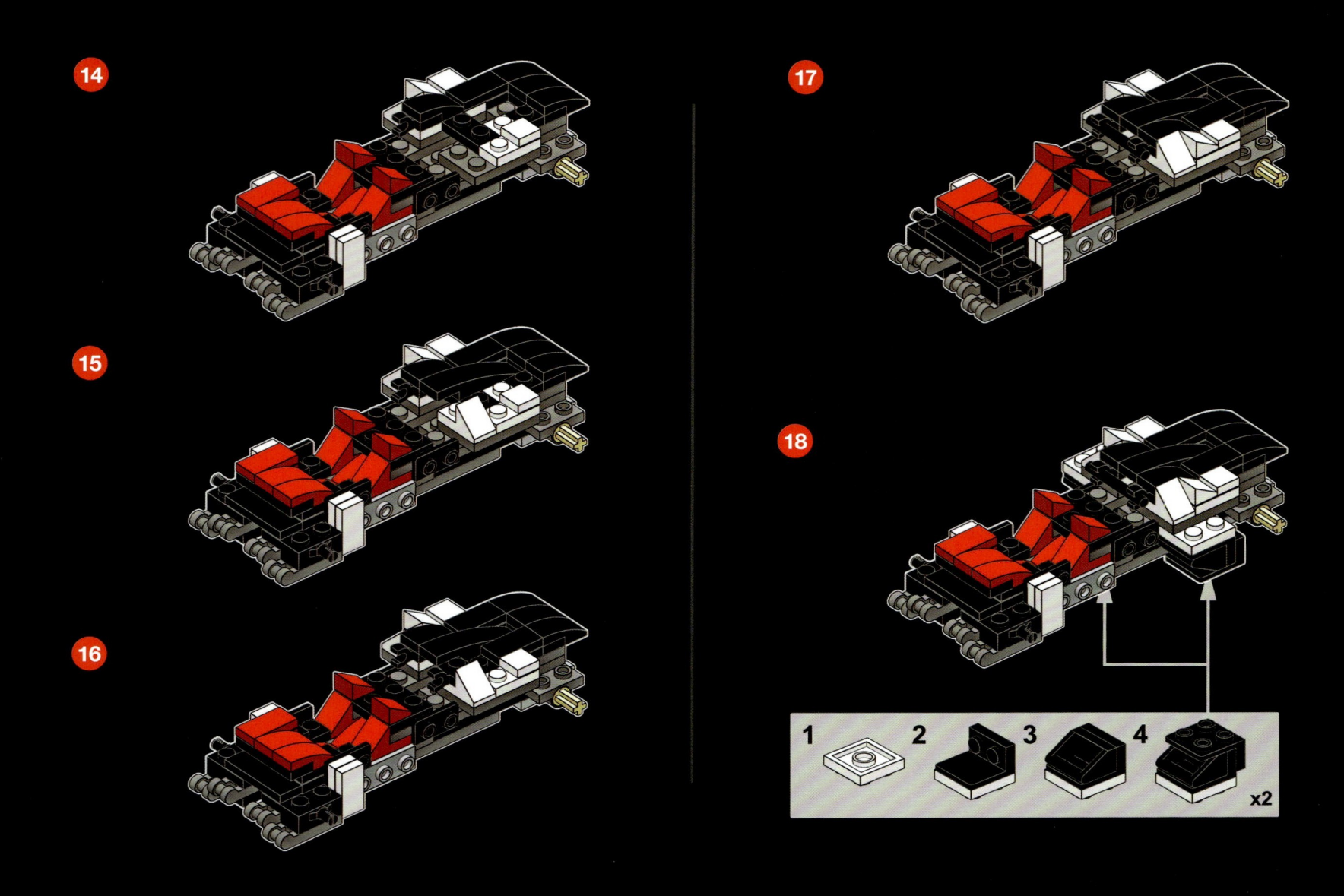

15

16

17

18

| 1 | 2 | 3 | 4 |

x2

105

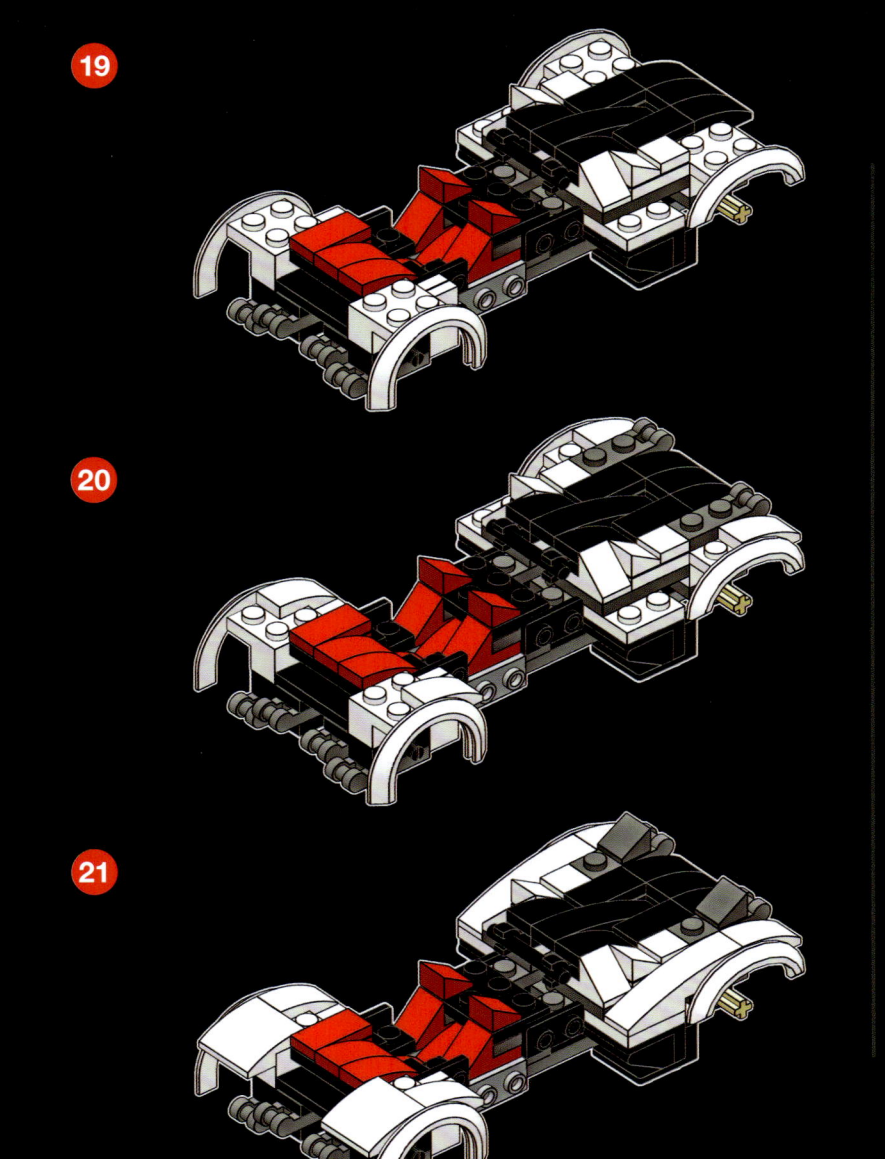

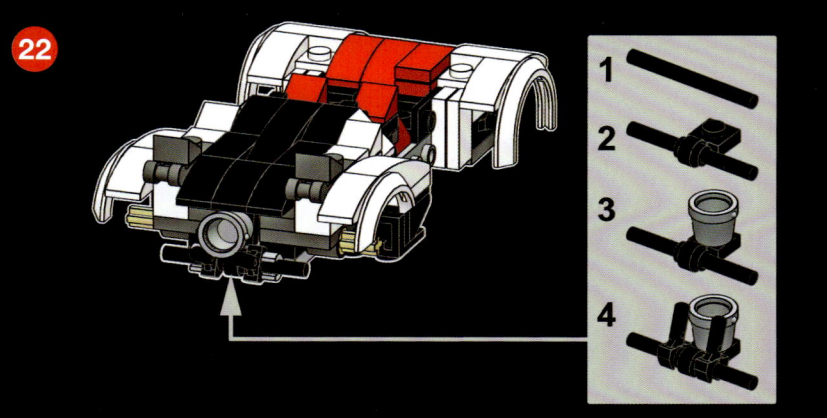

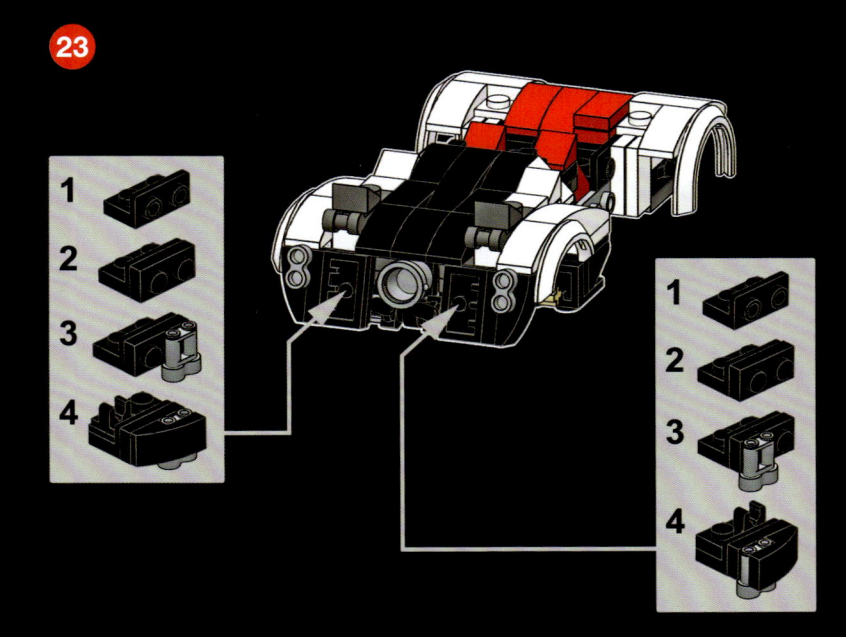

24

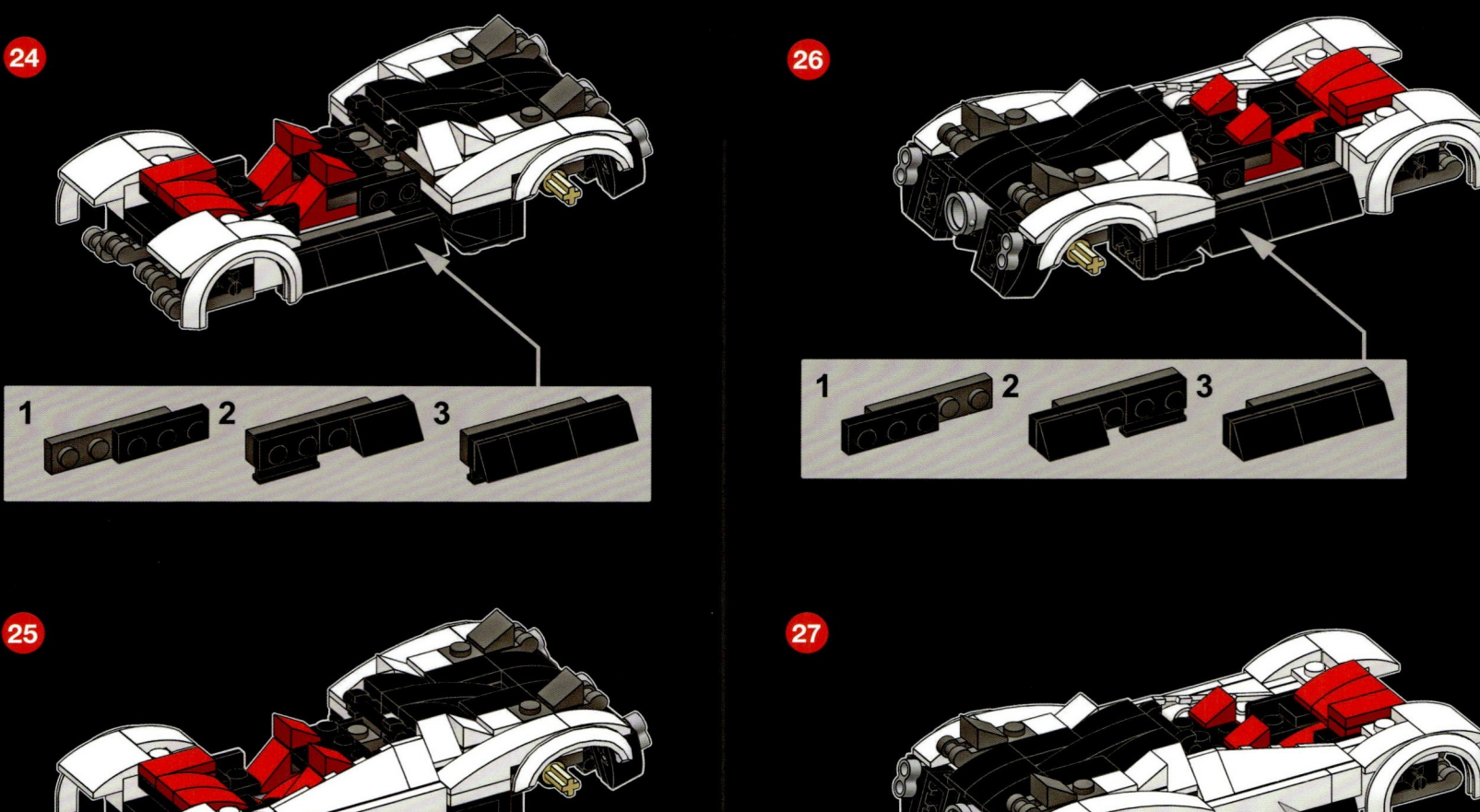

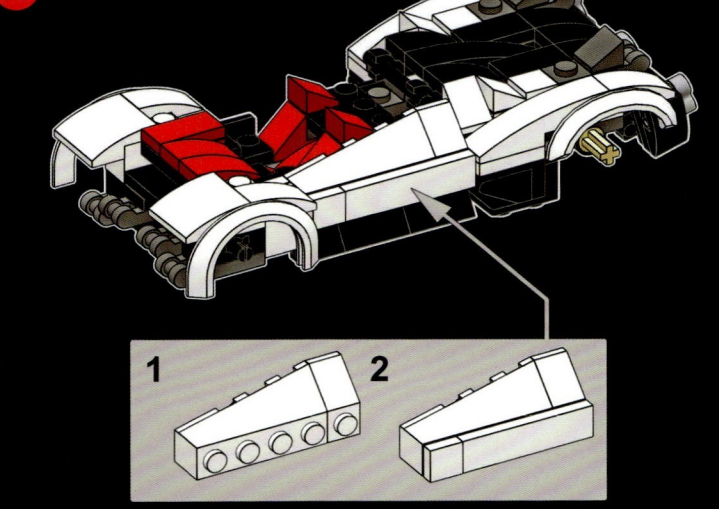

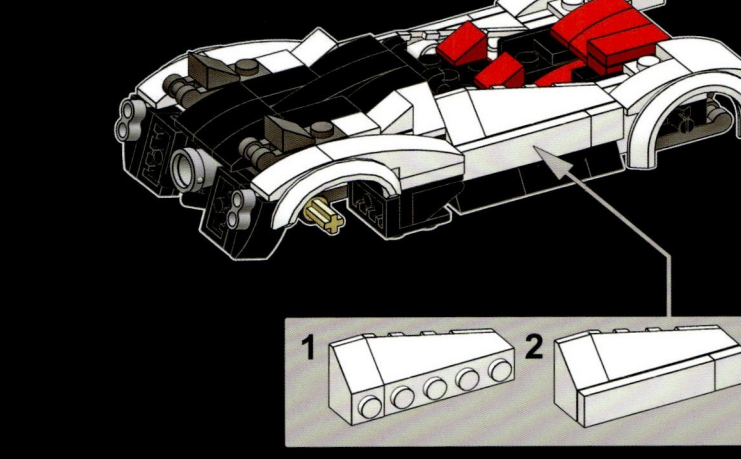

25

26

27

107

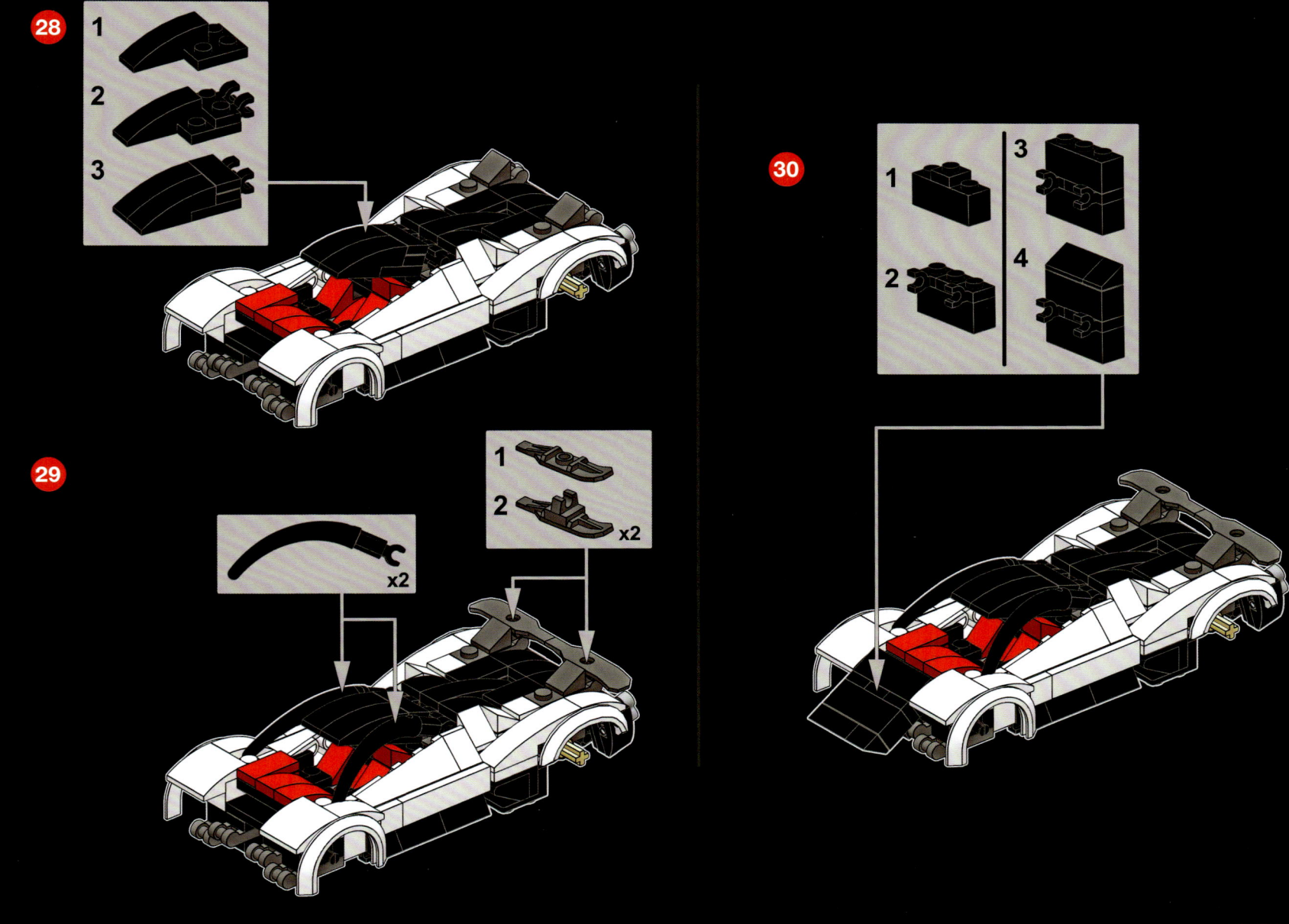

31

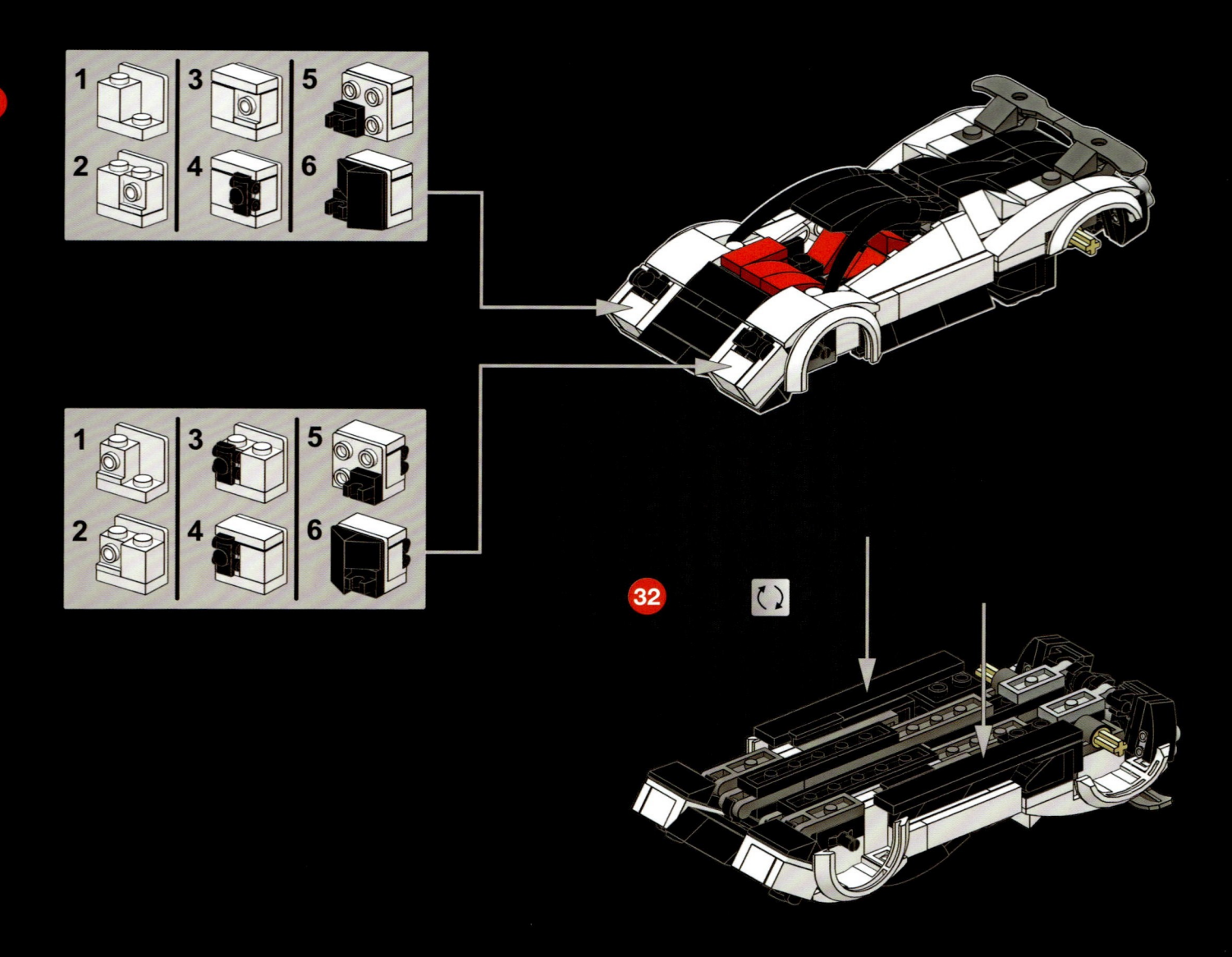

32

33

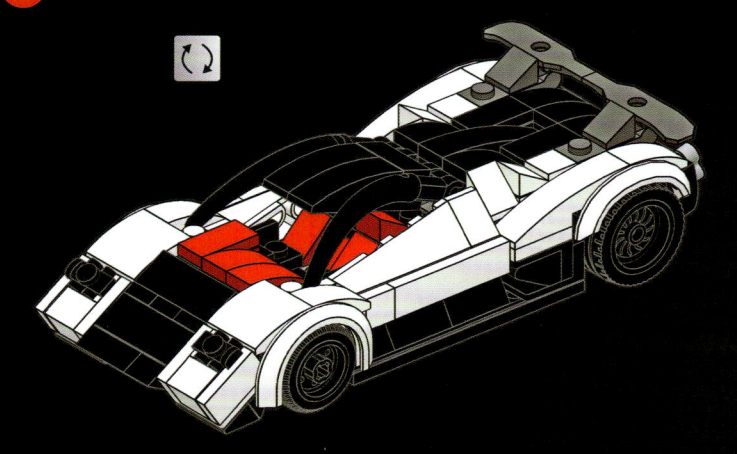

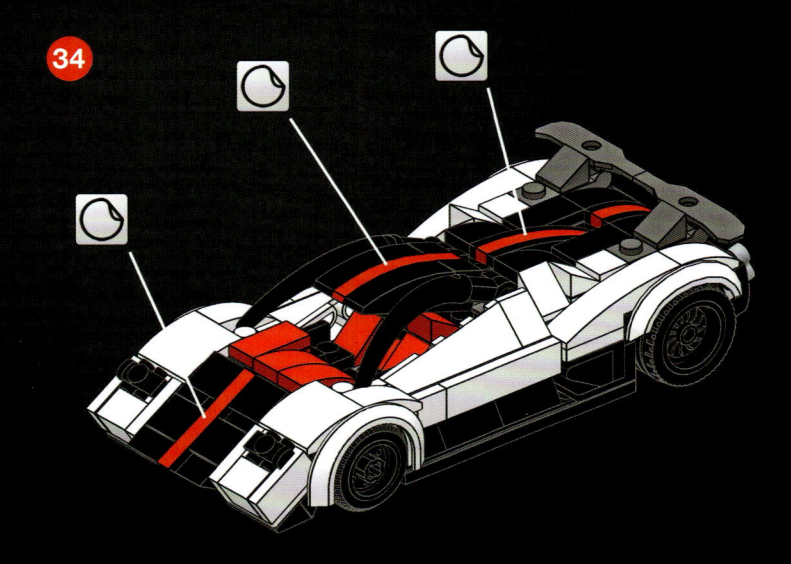

34

109

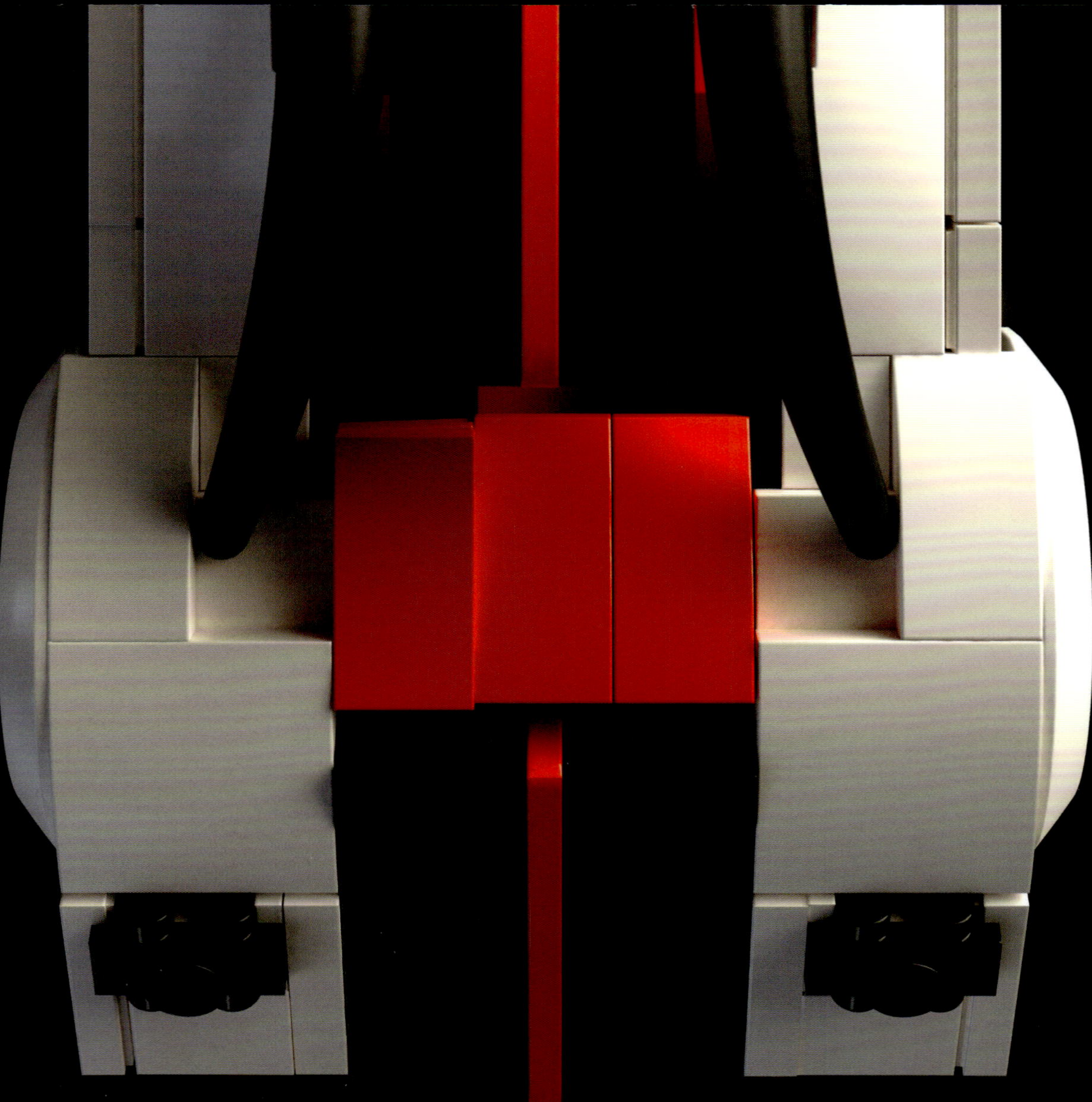

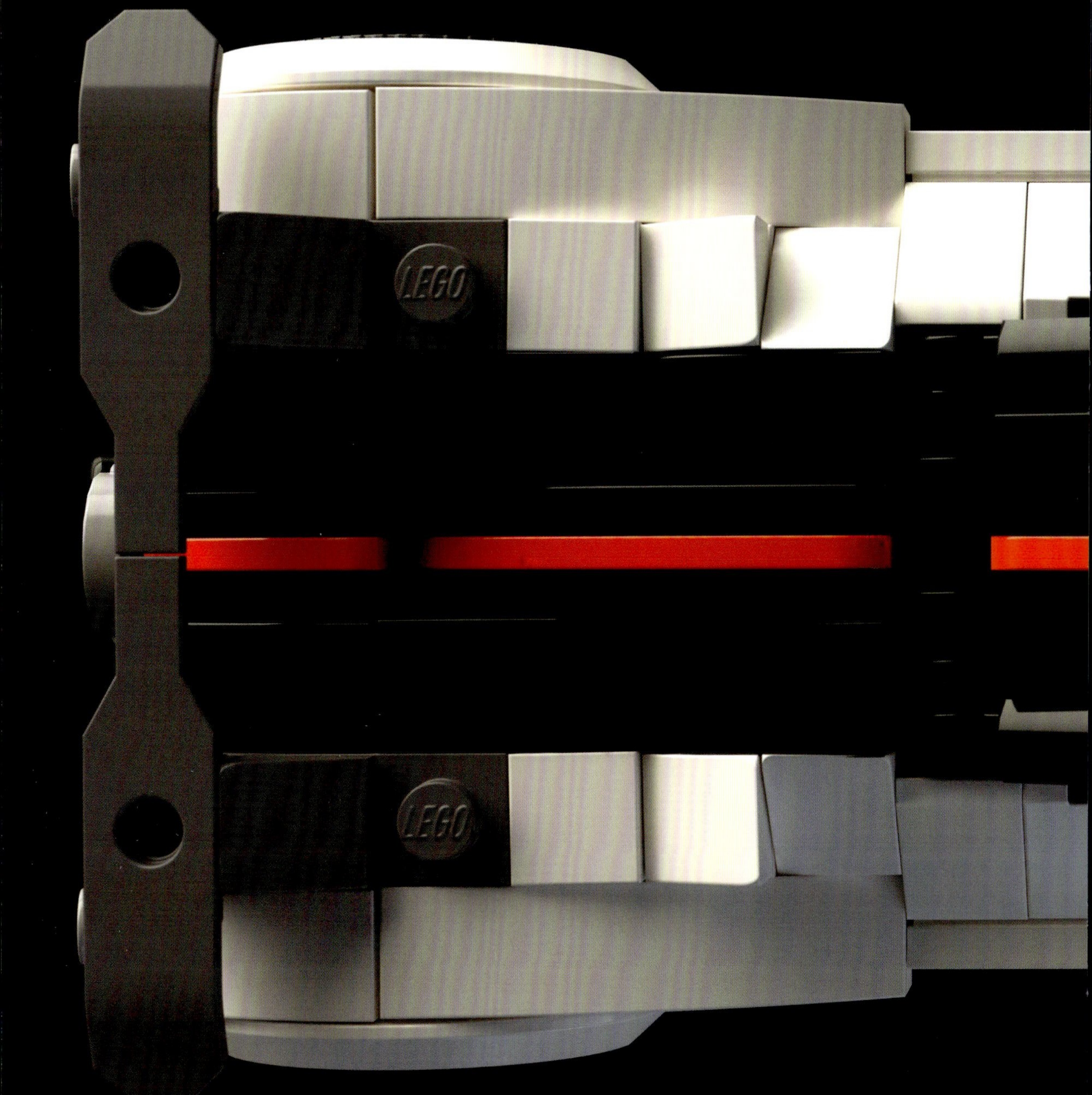

Mustang
GT Fastback
野马GT Fastback

Mustang GT Fastback

野马GT Fastback

品牌故事

　　福特野马是一款历史悠久的梦幻跑车。自从1964年它在纽约世博会上初次亮相，一下子就抓到汽车爱好者的眼球，至今仍然在生产。然而，曾经为了找到长盛不衰的灵丹妙药，福特设计师不得不在1967年对野马进行了一次彻底的改造。事实上，这是第一款专为运动型年轻人设计的、带有长引擎盖后部缩短版的跑车，3年后该设计被竞争对手抄袭。从设计开始的那一刻起，就向着增强性能的方向发展（因此功率也变得更大），福特也想让世界一眼就看到他的初衷。汽车的每一部分都进行了加固，侧面排气口也变得更深，格栅增大，更具侵略性的车头和车尾，但最重要的是引进了6.4升V8大排量发动机，雷鸟排气管，四腔化油器，以及热血的320马力的功率。只有底盘保持不变。

　　皆大欢喜的是，野马最终成为了汽车销售领域的畅销商品。如果这些都还不够，著名赛车手兼企业家卡罗尔·谢尔比（Carroll Shelby），用他的方式诠释了Mustang 67：安装了更大排量的发动机——7升480探险者，从而诞生了谢尔比野马GT500，拥有侧面排气口、玻璃纤维罩和扰流板、以及历史上第一款标准防倾杆等一系列独特配置的高性能版野马。

　　在1968年史蒂夫·麦昆（Steve McQueen）主演的电影Bullitt中，有两扇门和一个后备箱的野马67 Fastback扮演了有史以来最激动人心的汽车追逐赛之星的角色。

汽车配置

通用性描述：
生产年份：1968
产量：42,581辆
均价：2,700美元
今市值估价：36,000~85,000美元
前身车型：无
后续车型：野马二代

物理性能：
车身尺寸：4602.48mm × 1798.32mm × 1310.64mm
重量：1245kg

动力：
最高车速：210km/h
百公里加速：6s
油耗：20.5L/100km

发动机参数：
气缸数：V形8缸
排量：6.4L
发动机功率：238kW
驱动：后轮驱动

Mustang GT Fastback

野马GT Fastback

Mustang
GT Fastback
野马GT Fastback

1
2
3
4
5
6

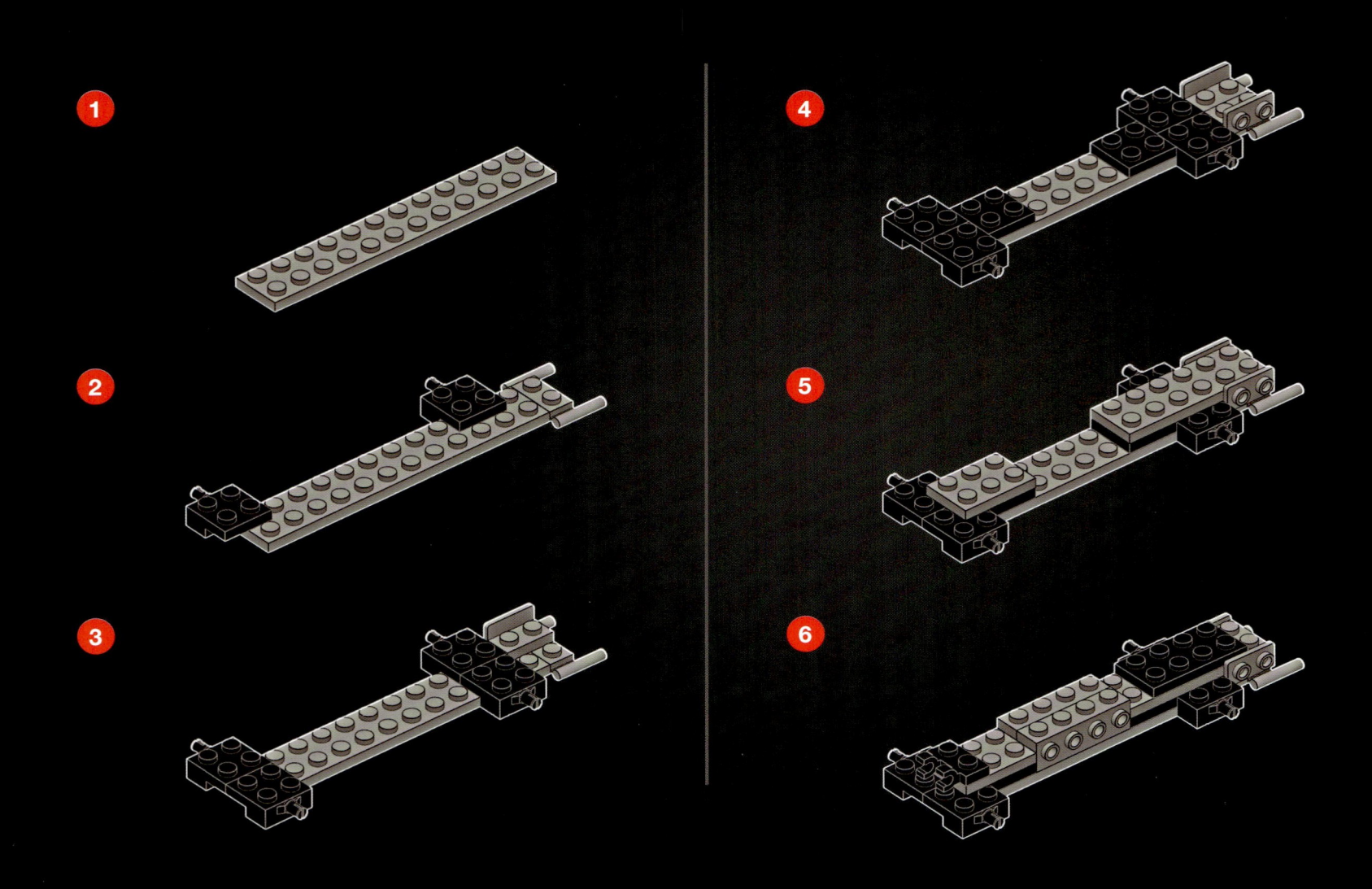

117

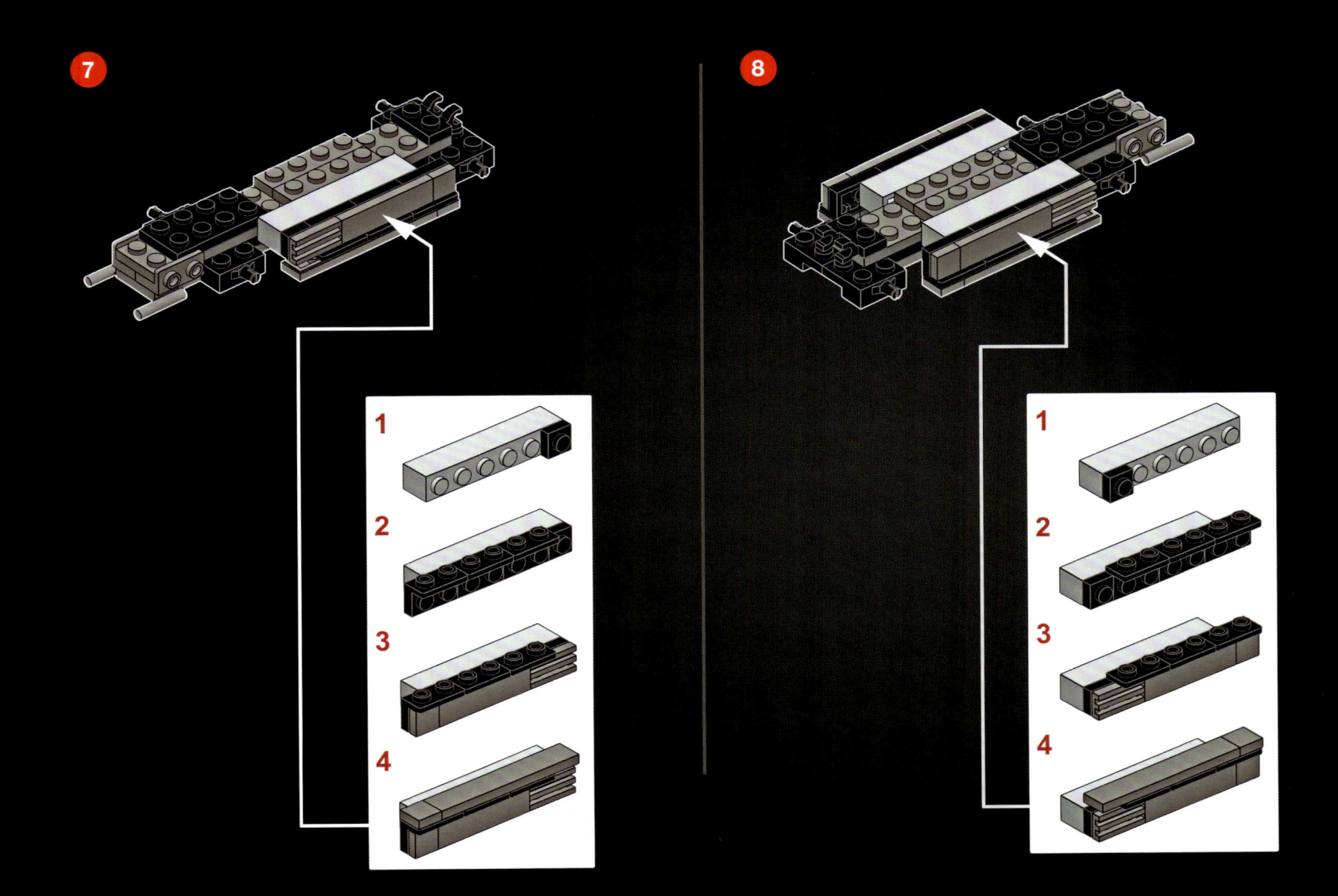

9

10

11

12

13

14

119

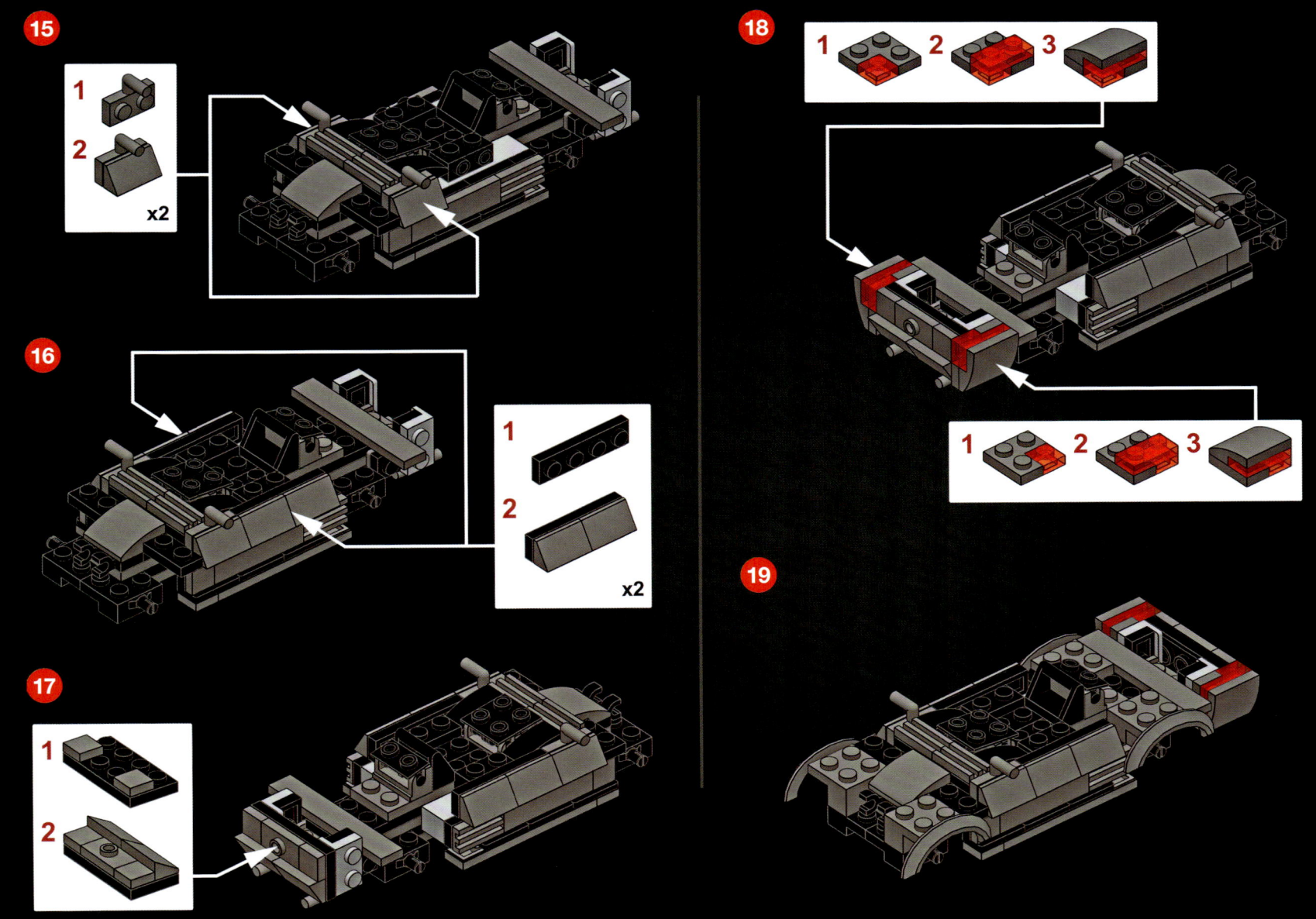

20

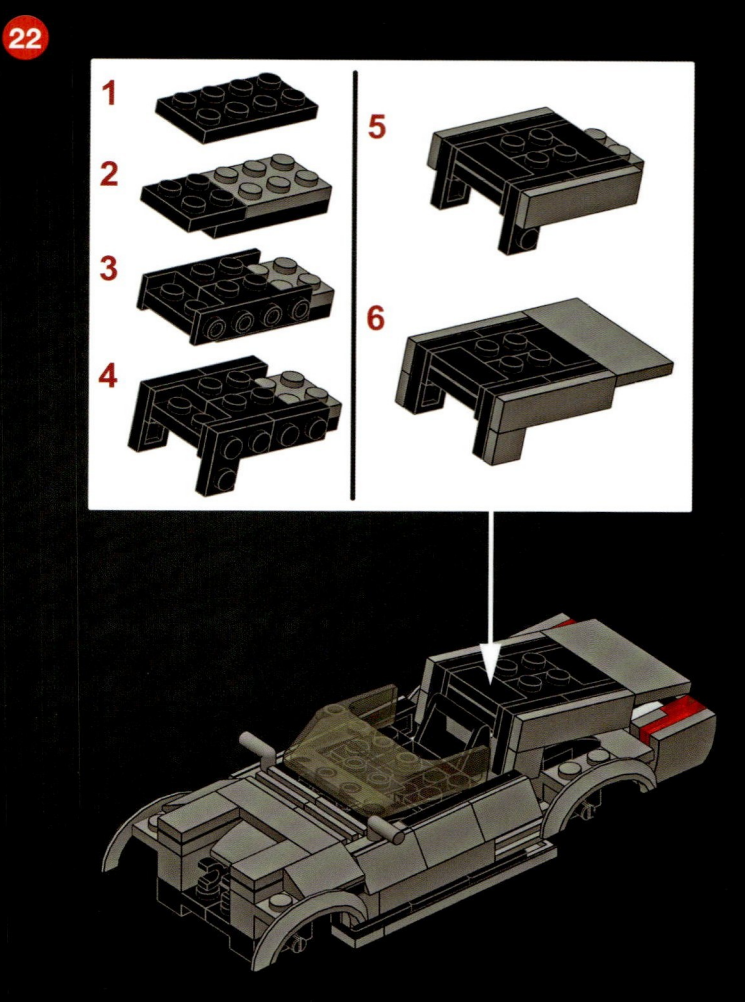

21
1
2

22
1
2
3
4
5
6

23

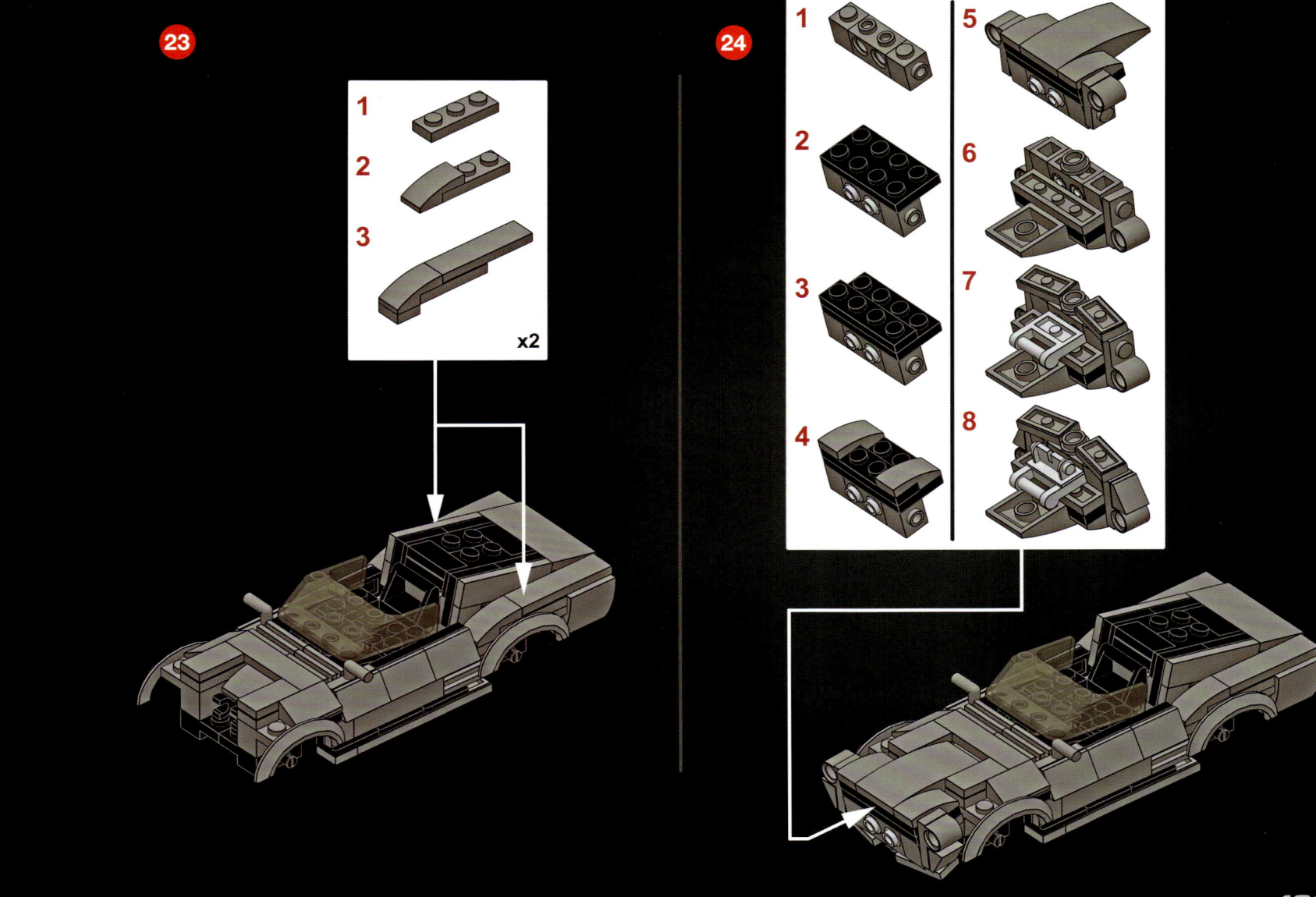

1
2
3

x2

24

1
2
3
4
5
6
7
8

121

25

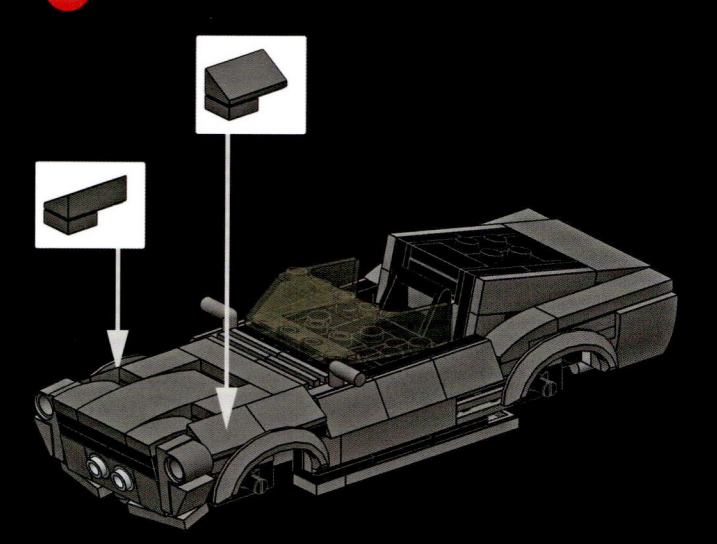

26

27

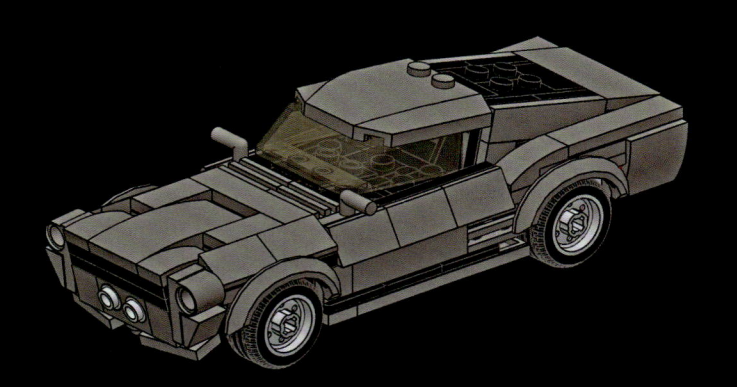

B 小彩蛋

123

其他装无

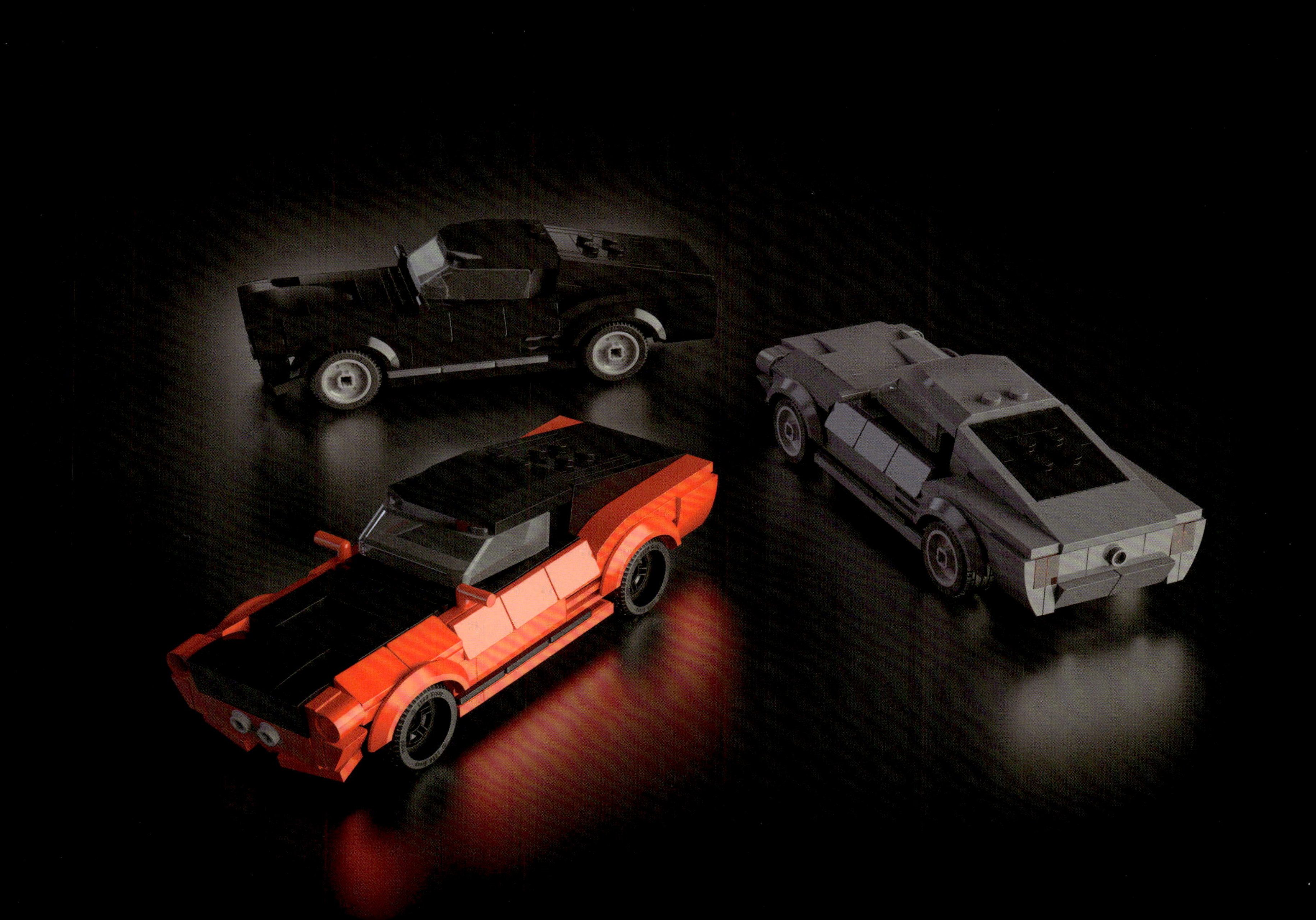

DATSUN 240Z

达特桑 240Z

DATSUN 240Z

达特桑 240Z

品牌故事

被比喻为日本的凤凰的达特桑汽车，由于美国的援助和日本人本身所具有的那种韧劲，从二战的灰烬中崛起，没多久就成为汽车行业的领先品牌，最终在20世纪80年代撼动了西方各国。其中一个原因，就是尼桑/达特桑240Z，产于1969~1972年，旨在蓄意打击美国汽车市场。为此，设计、工程、和性能的强强联手，使尼桑汽车在其美国竞争对手中脱颖而出。尼桑240Z是一款双座跑车，从1970开始以达特桑（Datsun）这个字在国外汽车市场销售，并以适中的销售价格，真正吸引了其潜在客户的注意。美版达特桑240Z将原先配备的2升直列6缸发动机增加到有两个化油器的2.4升，因此得名为"日本的保时捷911"，并且更物美价廉。

因为出色的外观和可靠的性能，240Z深受普罗大众的喜爱，已经生产了超过100,000辆，而这对于赛车手和收藏家来说却是一个噩耗（即使240Z赢得过多不少比赛）。让240Z作为赛车名声在外的则是一位名叫保罗·纽曼（Paul Newman）的赛车手，他经常被描绘成仅次于Bob Sharp队的红、白、蓝33号。这在很大程度上使汽车的设计不朽，其诱人的细长风帽与倾斜的复古后卫车顶线形成鲜明对比。为了延续这一成功的典范，2004年《国际跑车》杂志将240Z列为20世纪70年代最漂亮的汽车第2名，这个时间正好是法拉利Daytonav和兰博基尼Countach问世之后的第十个年头。

汽车配置

通用性描述：
生产年份：1970~1973
产量：168,000辆
均价：3,700美元
今市值估价：15,000~24,000美元
前身车型：Datsun Sports/Fairlady
后续车型：Datsun 280ZX

物理性能：
车身尺寸：4145.28mm × 1615.44mm × 1280.16mm
重量：1044kg

动力：
最高车速：201km/h
百公里加速：8.3s
油耗：11.2L/100km

发动机参数：
气缸数：直列6缸
排量：2.4L
发动机功率：112.5kW
驱动：后轮驱动

127

DATSUN 240Z

达特桑 240Z

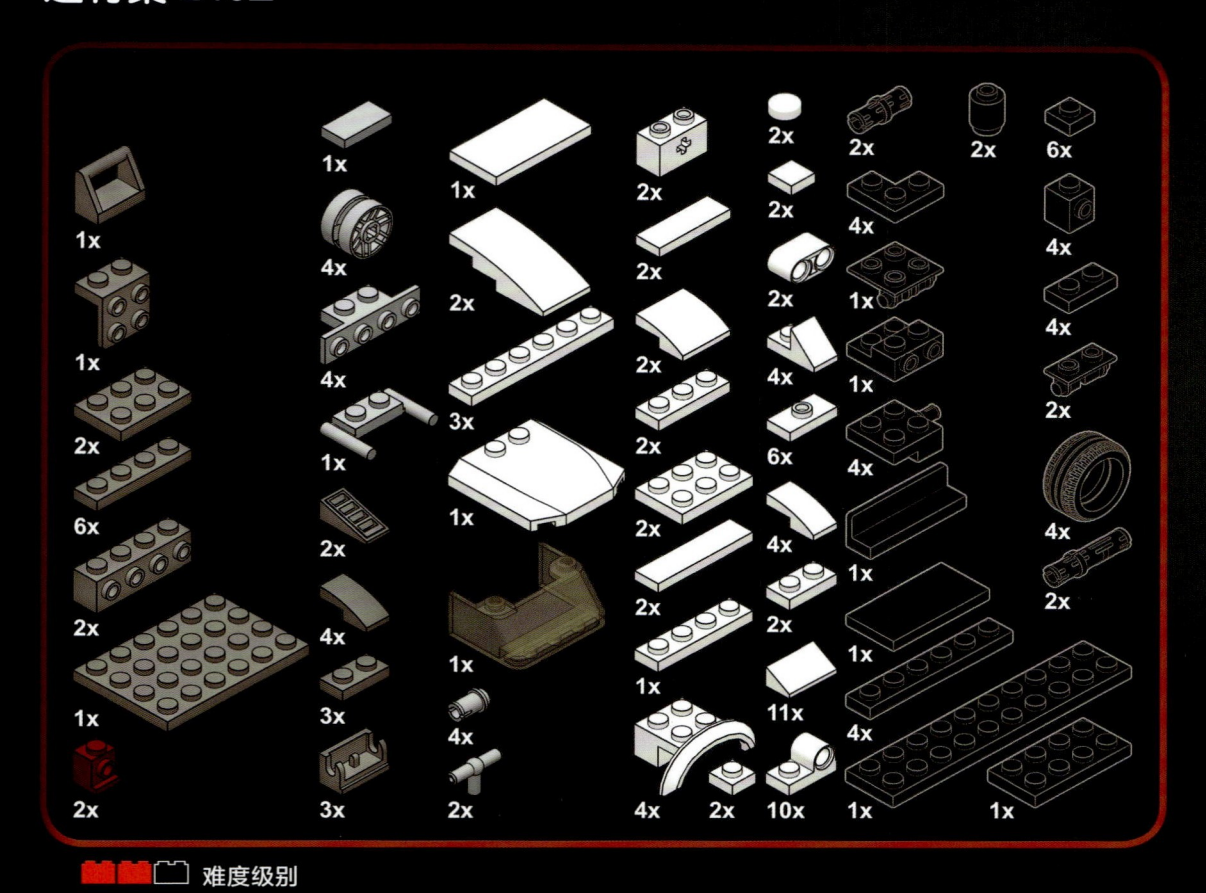

扫码看教程

难度级别

DATSUN 240Z

达特桑 240Z

1

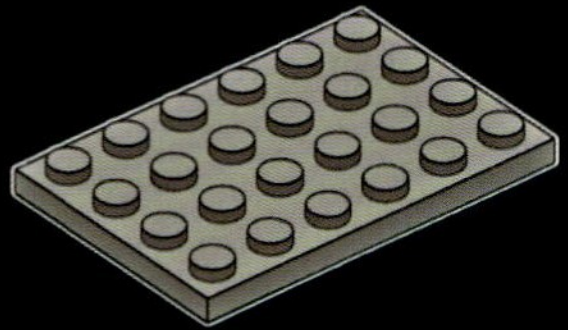

2

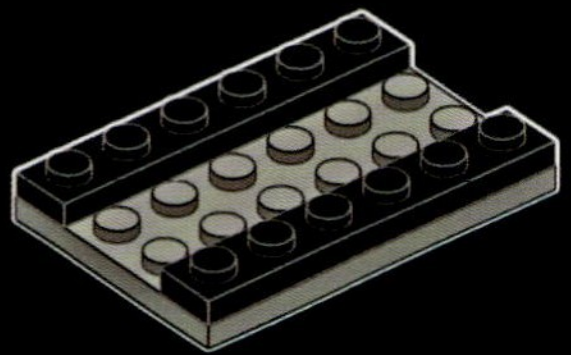

3

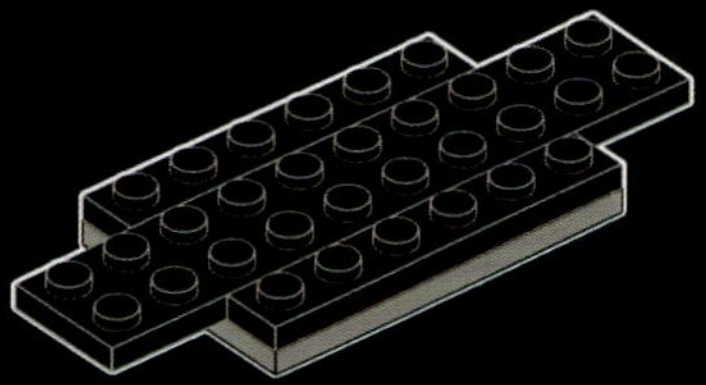

4

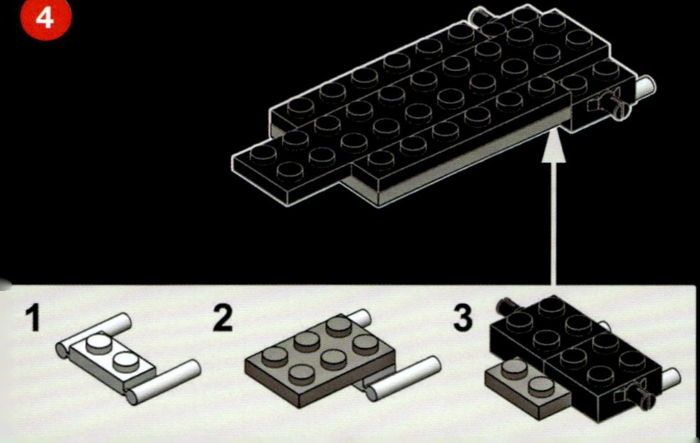

5

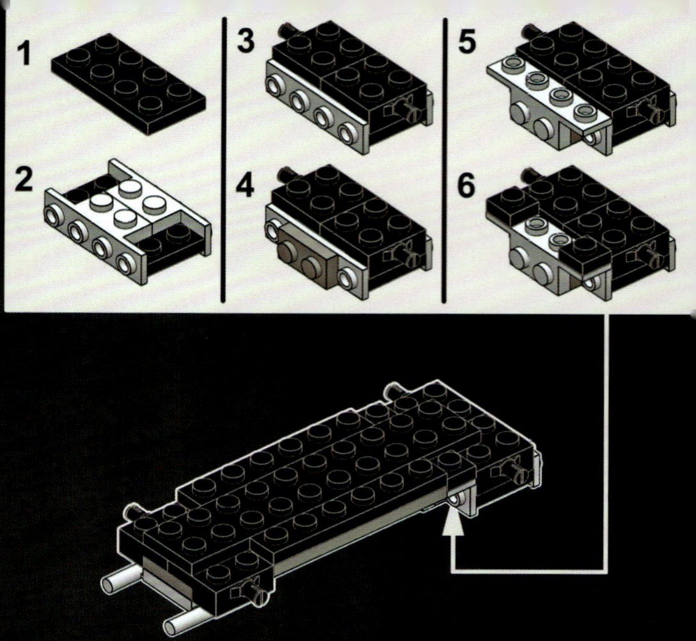

6

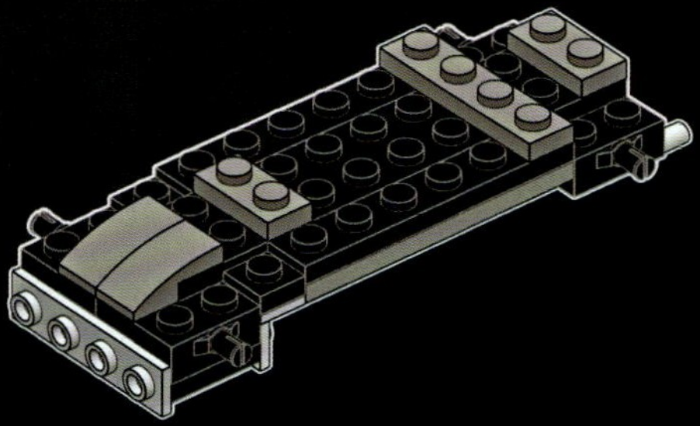

131

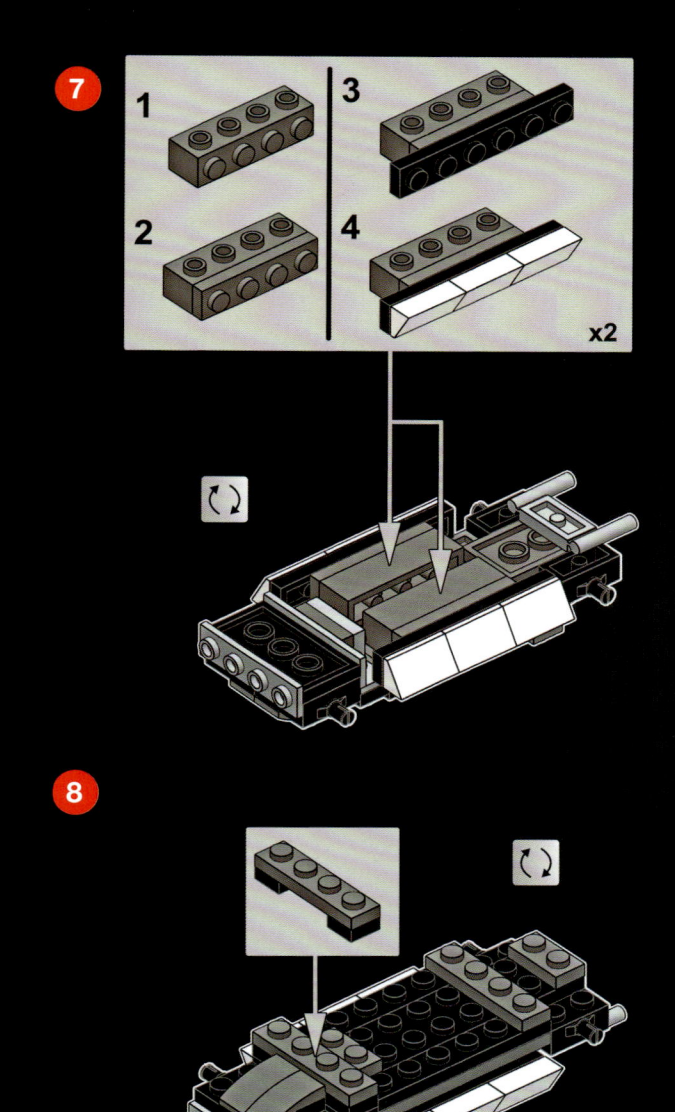

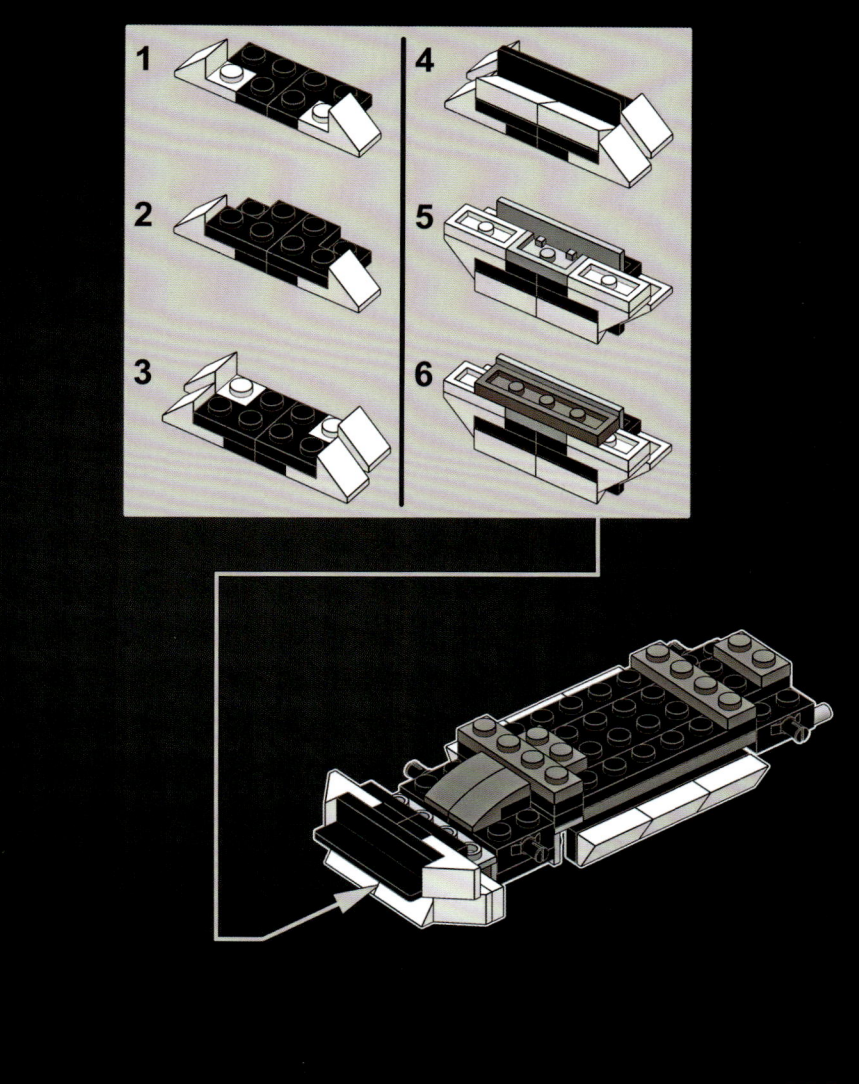

10

11

1

x2

12

13

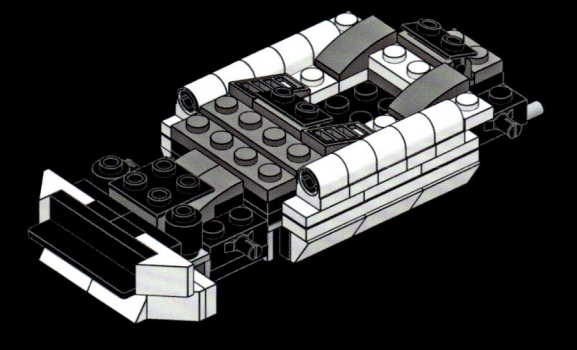

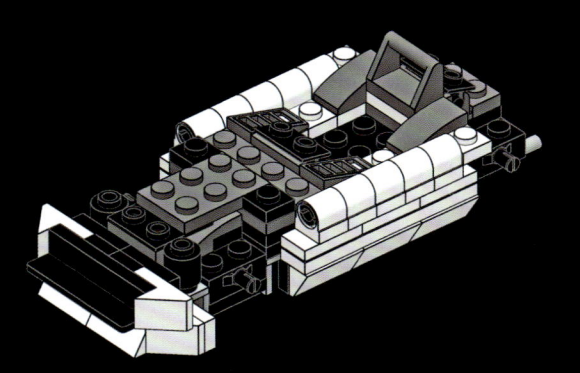

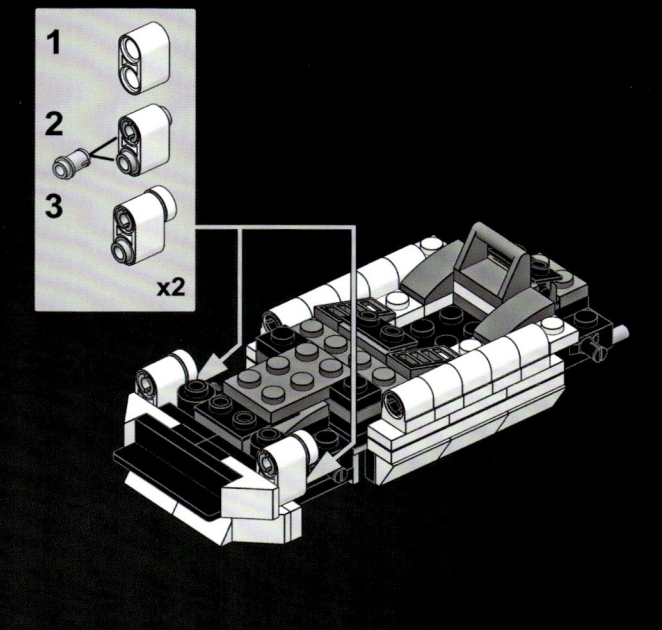

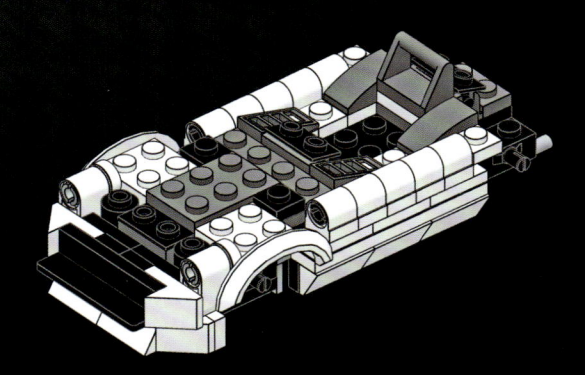

14

15

1
2
3
x2

16

133

17

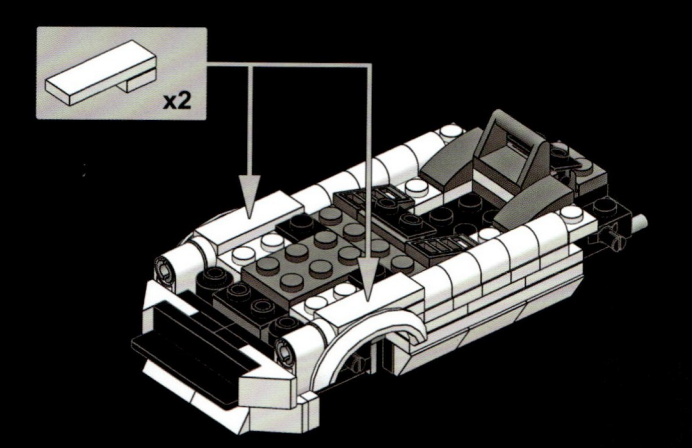

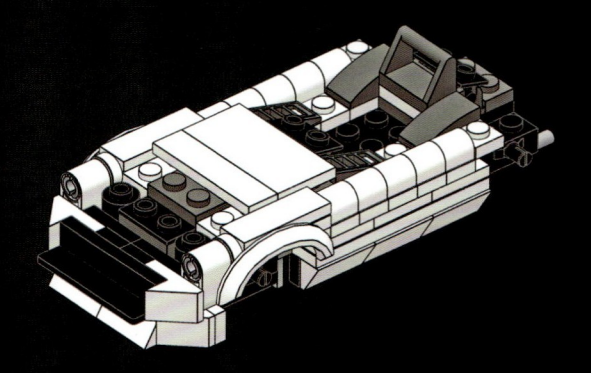

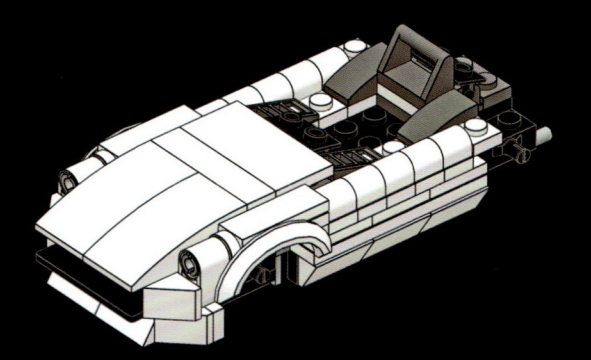

x2

18

19

20

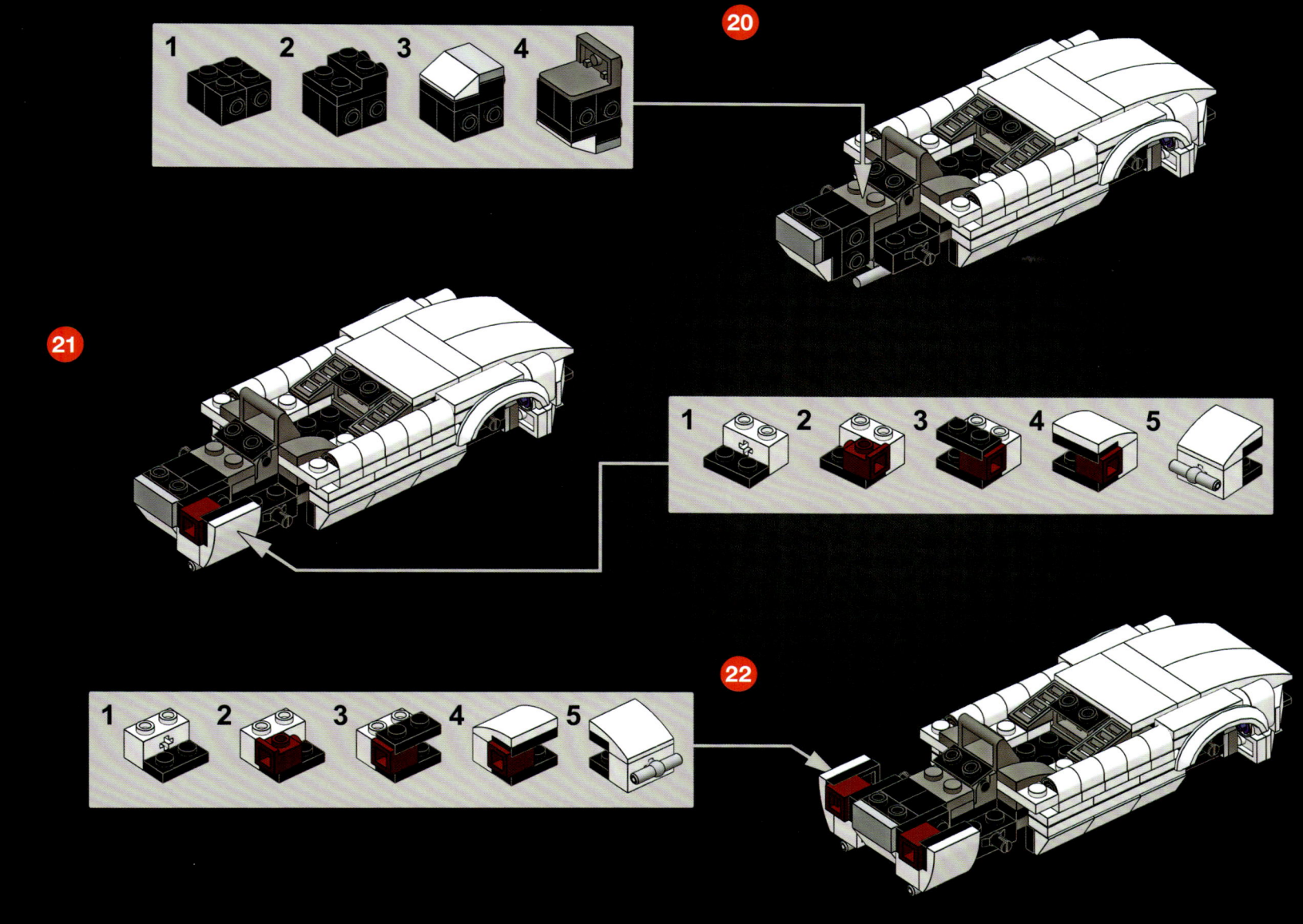

21

22

23

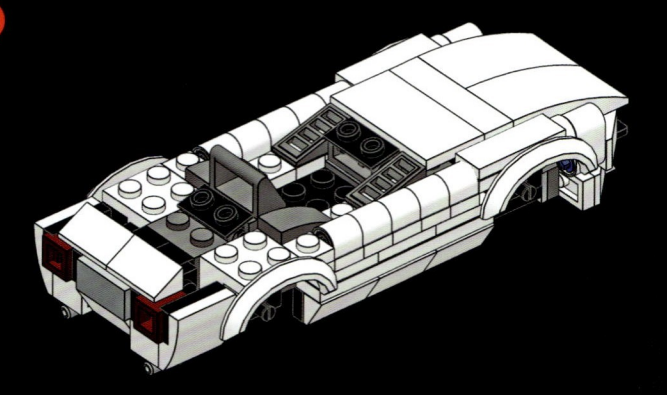

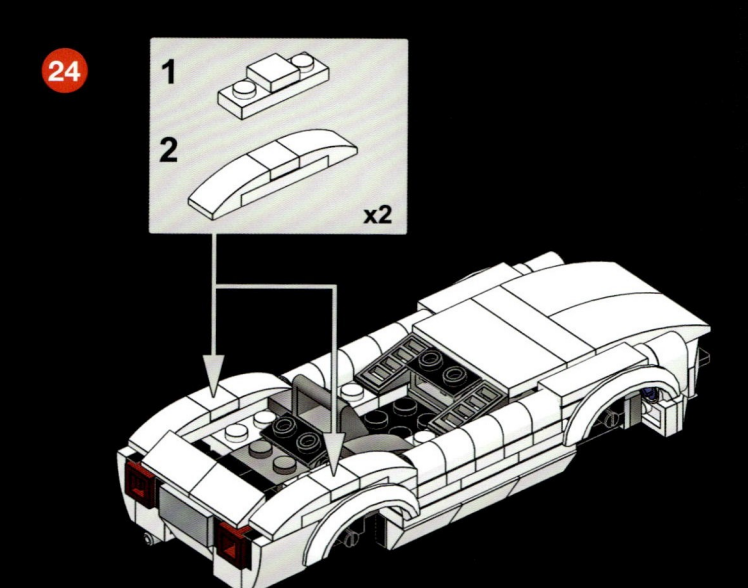

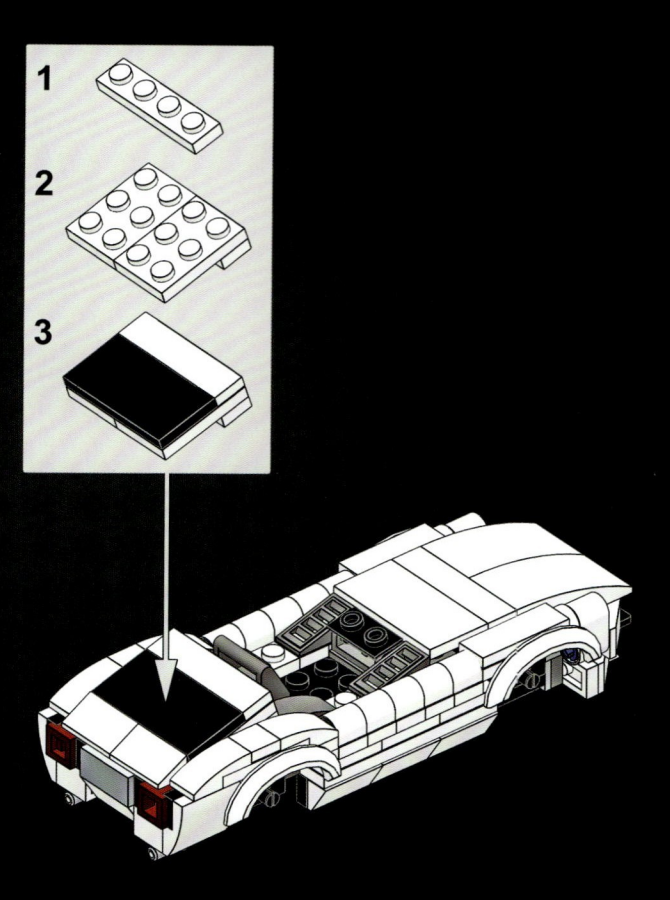

24

1
2
x2

25

1
2
3

26

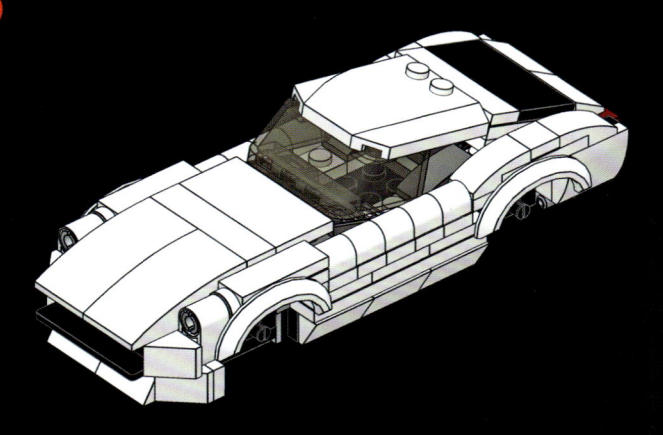

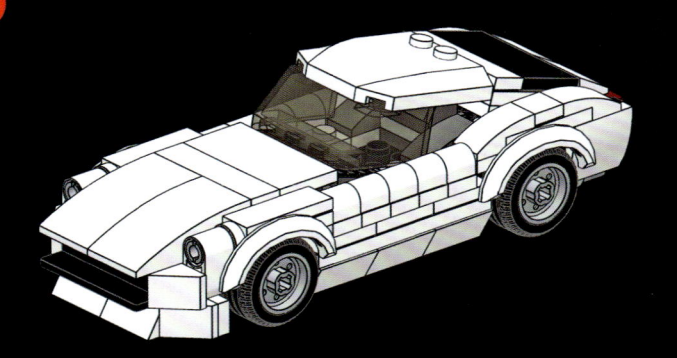

27

B 小彩蛋

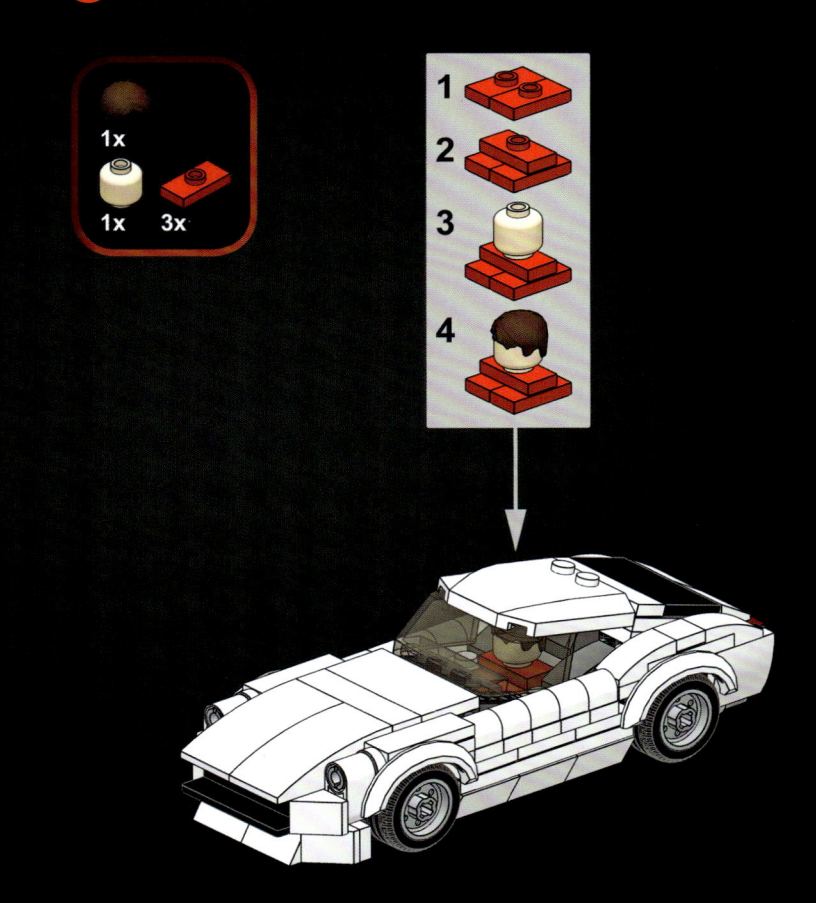

1x 1x 3x

1
2
3
4

其他故事

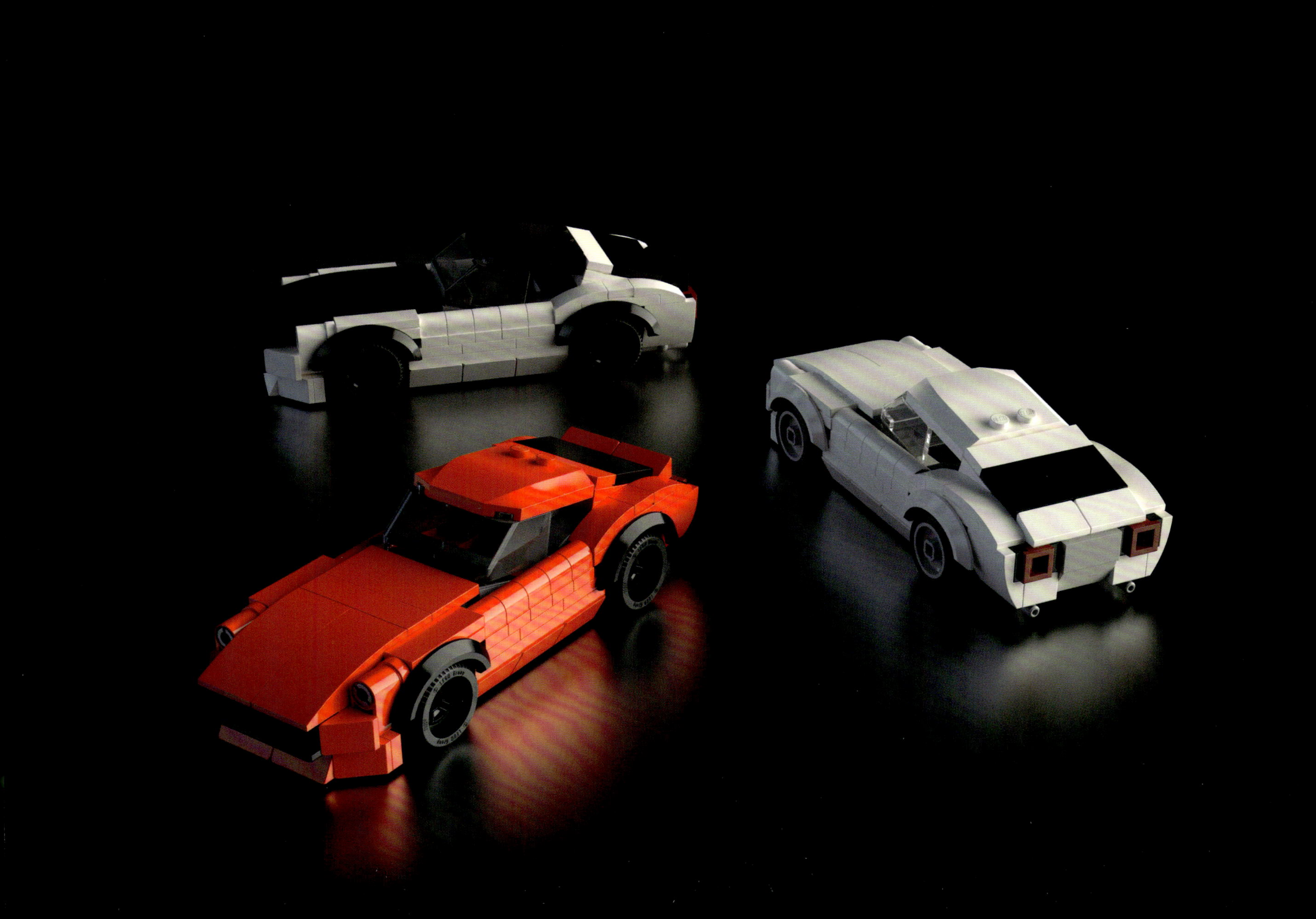

PORSCHE
911 Turbo

保时捷911 Turbo

PORSCHE 911 Turbo

保时捷911 Turbo

品牌故事

想要了解1990年在日内瓦车展上推出的保时捷911Turbo964的历史，就需要回到1963年的法兰克福，也就是这款车第一次面世的时候。它是迄今为止还在使用原名的古老车型之一，直到2017年销量已经达到了一百万辆。多年来诞生过很多种版本的911Turbo，它经历了不断的改进，在20世纪70年代的代托纳、锡布灵、Targa Florio赛事中都赢得了重大胜利。1989年，964系列终于出现了，这是对911概念的重大改进，具有显著的创新，比如隐藏式后扰流板、三联自动变速器、四轮驱动、更多集成保险以及一体成型式红色尾灯罩。

1990年，是3.3升320马力的Turbo的时代，它继承了以前车型的特色，甚至采用了经典的后轮驱动，配备了扰流板和更大的挡泥板以保护更宽的轮胎。1993年迎来了Turbo 3.6，增强了发动机（3.6升360马力），增加了涡轮增压技术，改进了滑动摩擦系数。这个系列都是罕见的车型，例如只量产了80辆的3.3升 Turbo S，或是用Turbo剩下的90个底盘组装而成的1994年版Turbo 3.6 S。尽管如此，更早之前还有更稀有的瑰宝——1963年，在法兰克福，复制了保时捷901成功模式的911问世，这款车日后也将被载入史册。第二年，法国标致推出了405，打断了保时捷的好梦。据官方消息，生产的82辆保时捷901中没有一辆进入市场，它们中的有一些后来落入了私人手里。

汽车配置

通用性描述：
生产年份：1989~1994
产量：62,172辆
均价：60,000美元
今市值估价：150,000~350,000美元
前身车型：保时捷911 930
后续车型：保时捷911 993

物理性能：
车身尺寸：4206.24mm × 1645.92mm × 1310.64mm
重量：1375kg

动力：
最高车速：261km/h
百公里加速：5.5s
油耗：9.8L/100km

发动机参数：
气缸数：平衡6缸
排量：3.3/3.6/3.75L
发动机功率：235~265kW
驱动：后轮驱动

PORSCHE 911 Turbo

保时捷911 Turbo

扫码看教程

难度级别

PORSCHE
911 turbo

保时捷911 Turbo

1

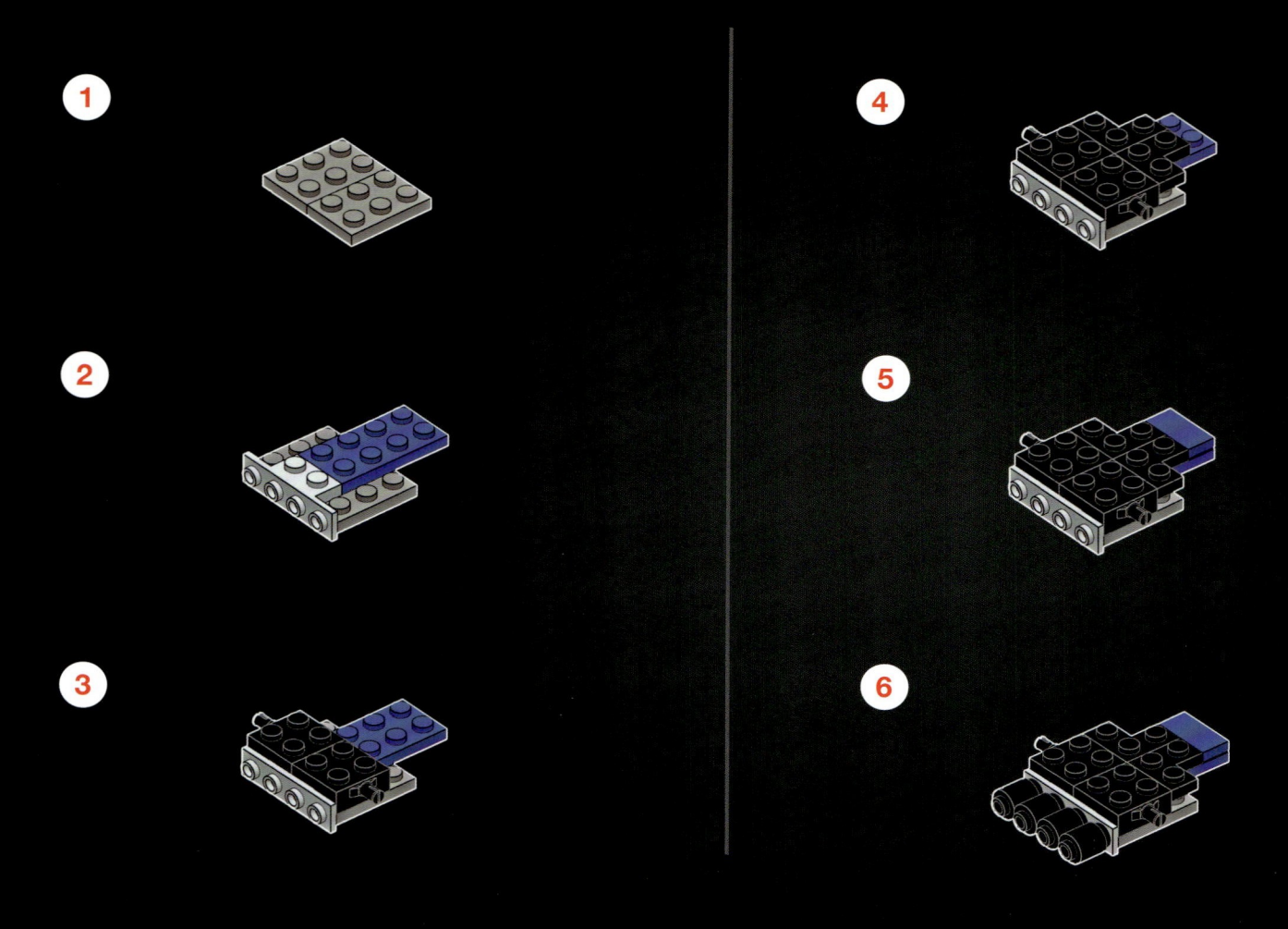

2

3

4

5

6

145

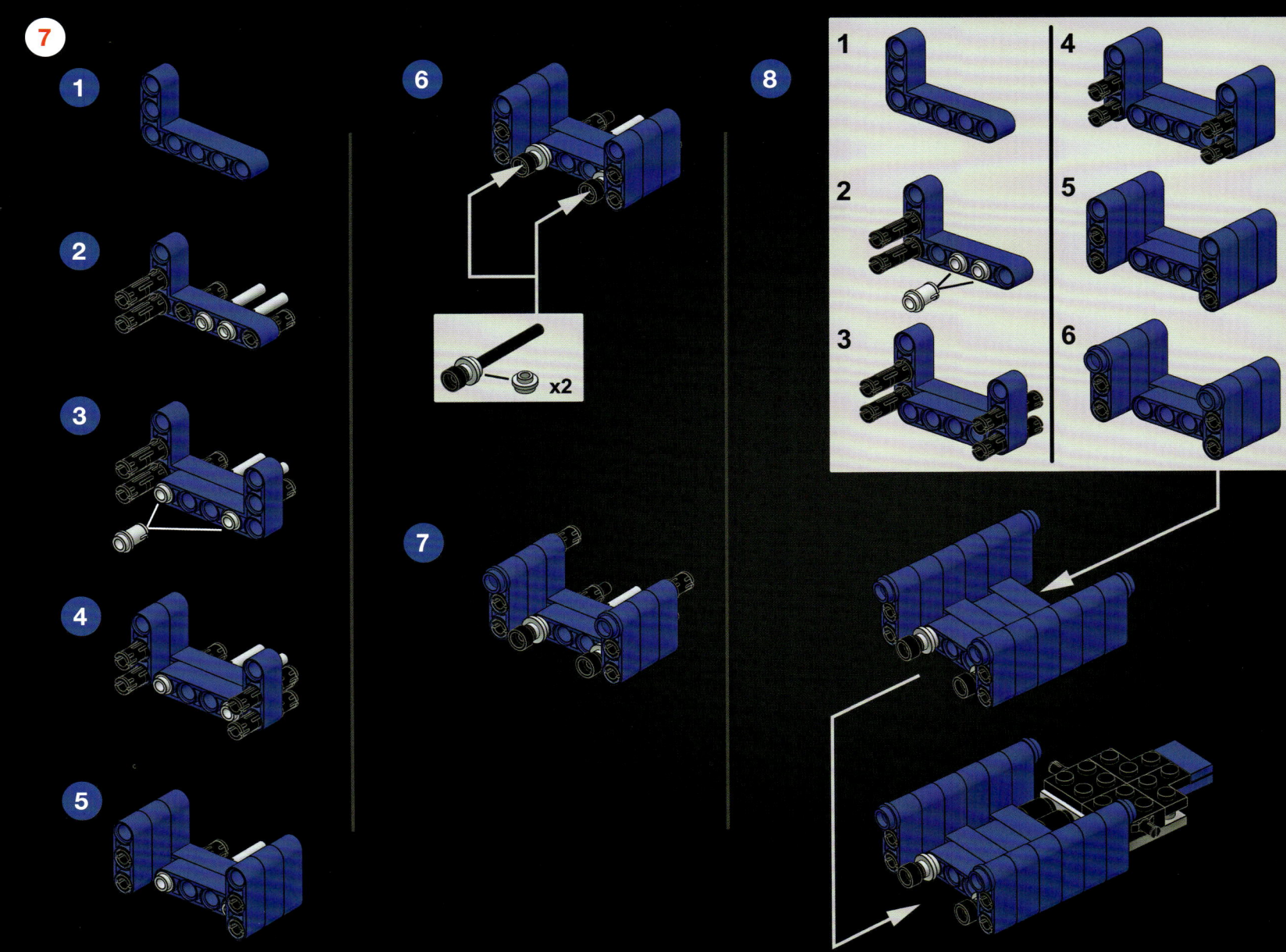

8

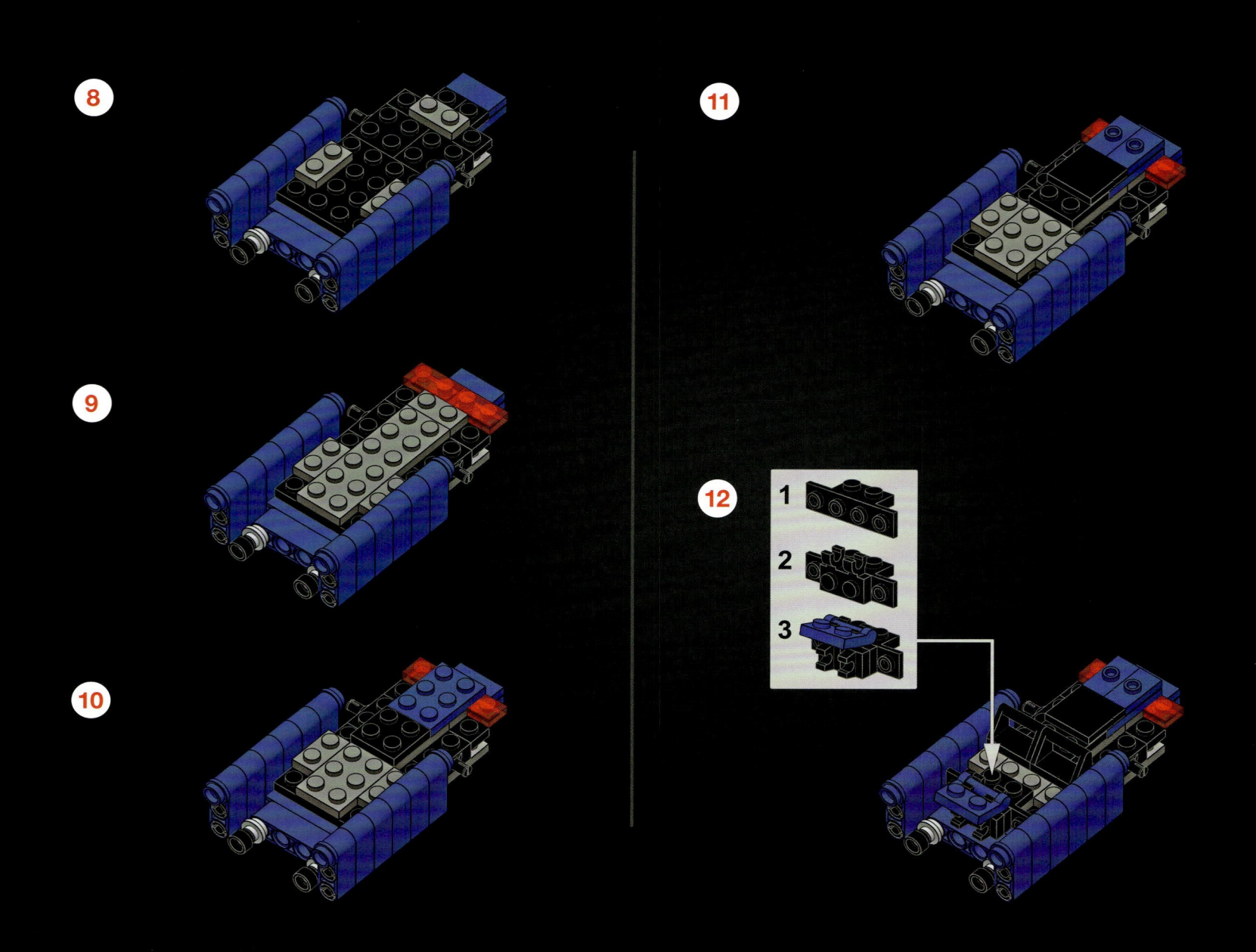

9

10

11

12
1
2
3

13

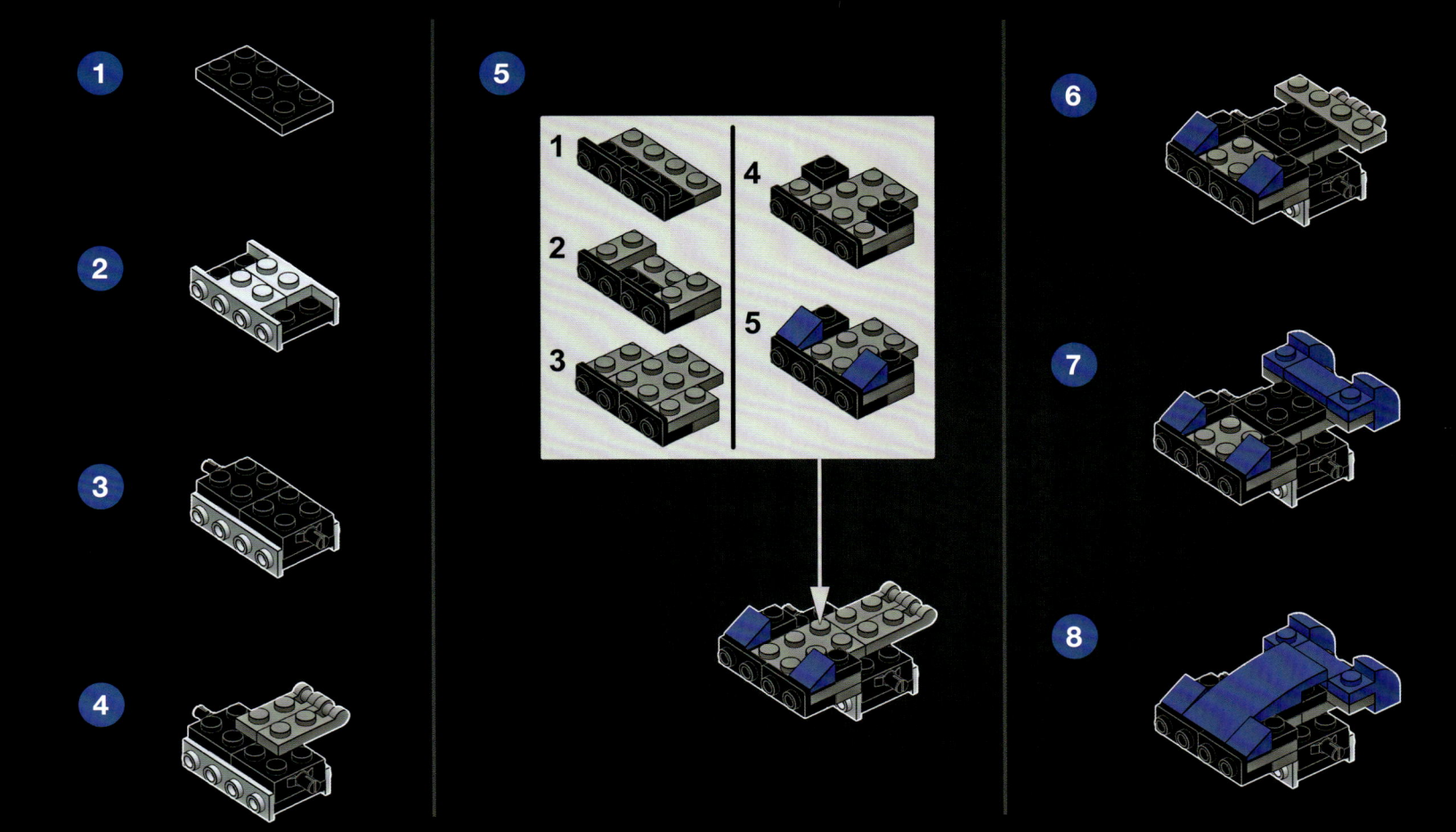

1
2
3
4
5
6
7
8

147

14

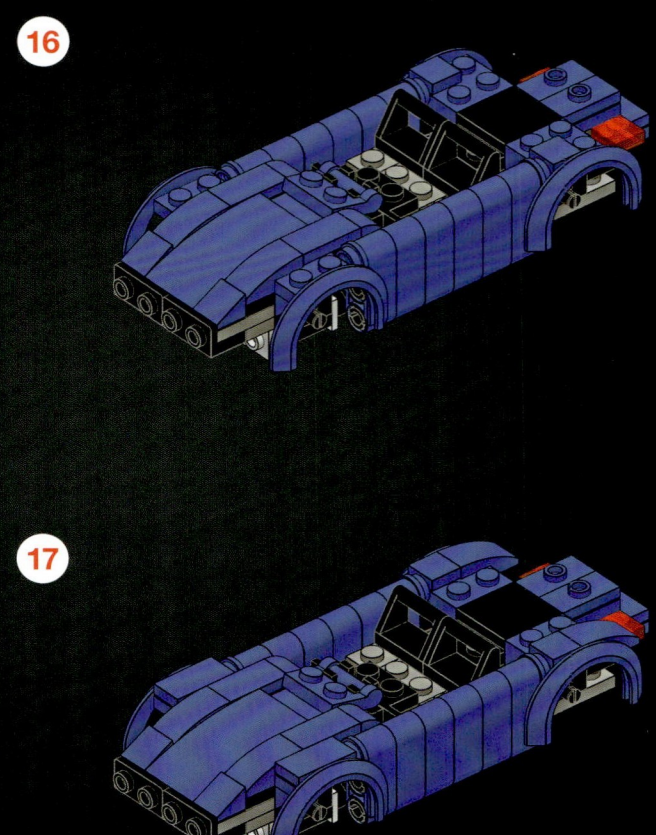

15

16

17

149

20

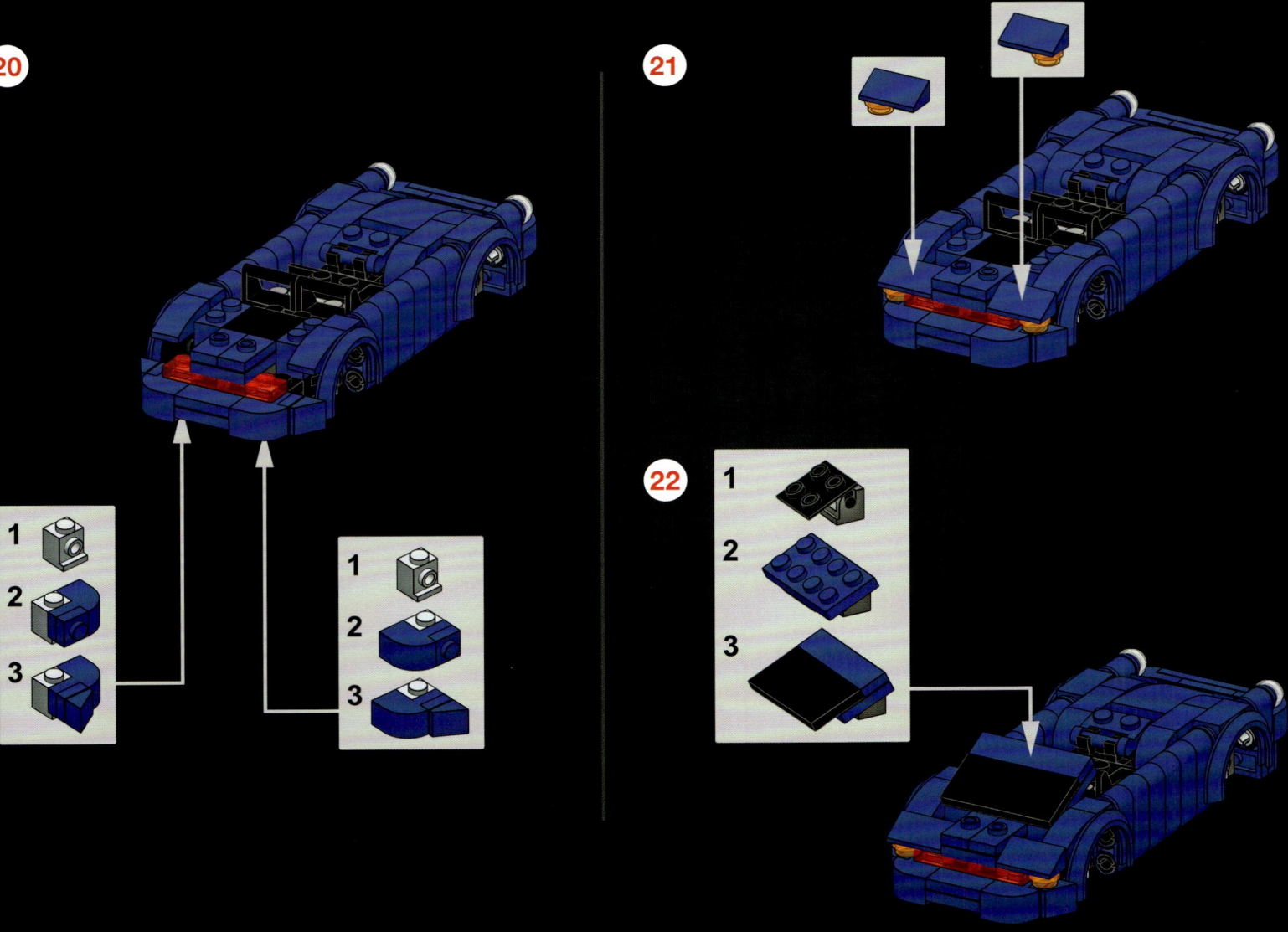

21

22

23

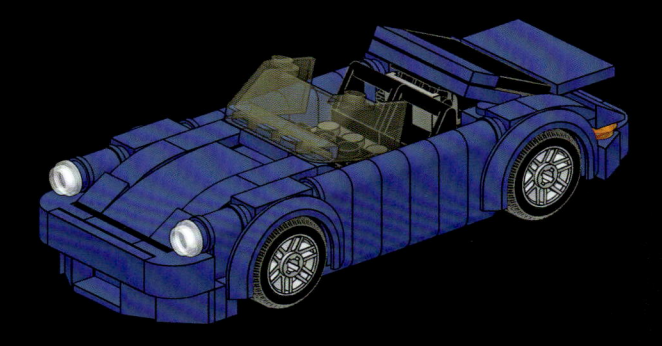

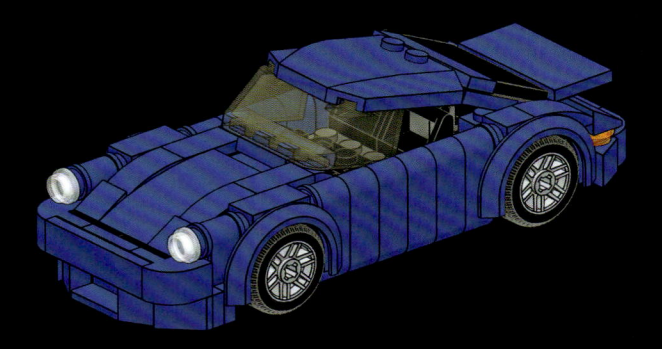

24

B 小彩蛋

1x 2x
1x 1x 1x

1
2
3

其他禁止

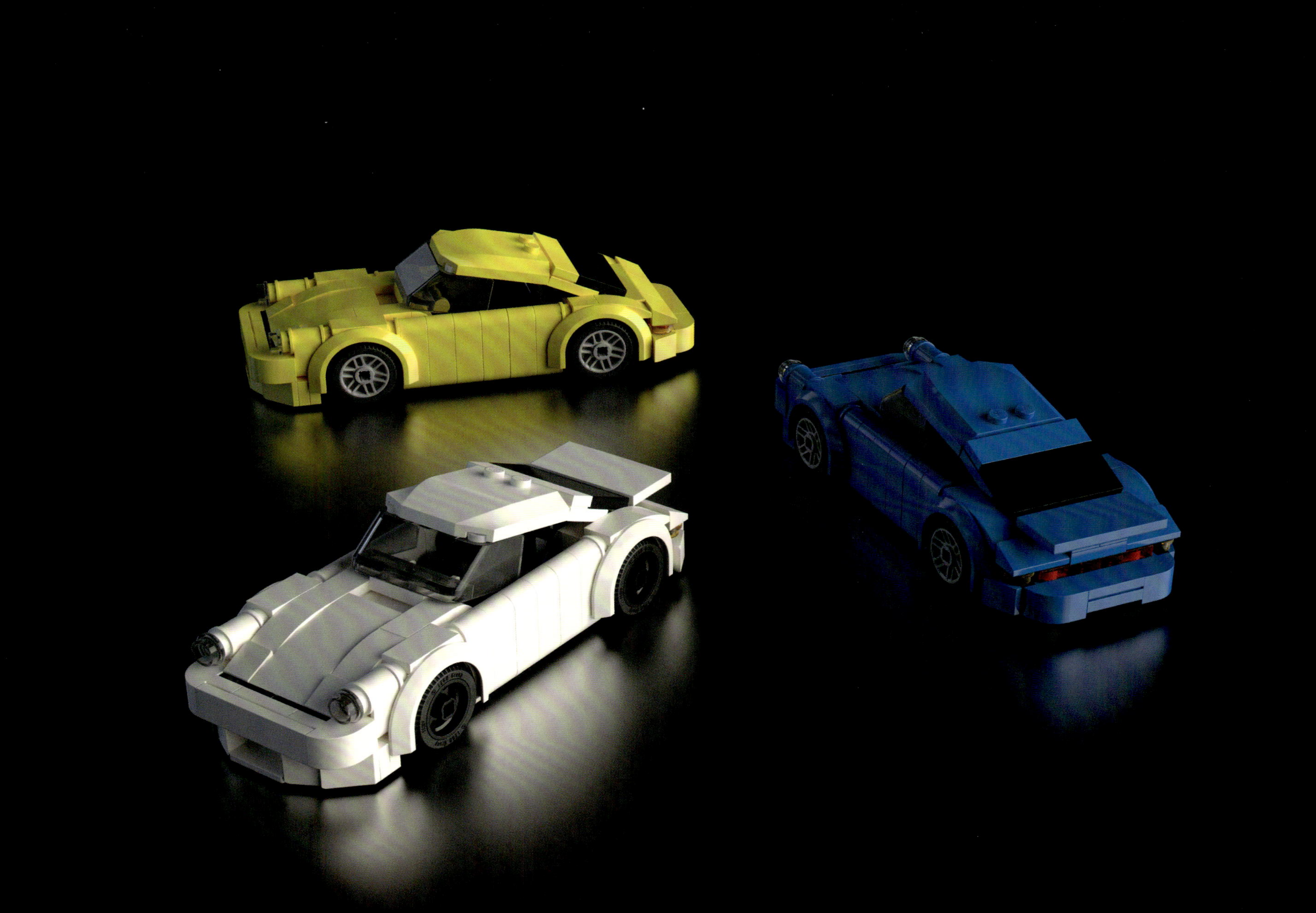

Ferrari 458 ITALIA

法拉利458 Italia

Ferrari 458 ITALIA

法拉利458 Italia

品牌故事

把法拉利458称作运动型跑车有点低估它了。配备了4.5升8缸F136直喷发动机的法拉利458应该被称为太空舱，这样说一点也不轻率。法拉利2009年推出的这个系列，是用航空材料和技术建造的，这些材料和技术运用在赛车上可谓非常完美，即使在200马力的时候仍然具有很强的稳定性和操作性。458汇集了所有法拉利赛车在F1比赛中的经验，使用了全新的宾尼法利纳（Pininfarina）设计将外观与气动结构结合起来，使它成为这个系列车型中最好的一款。458 Italia具有攻击性很强的外观，一对像极了爬行动物眼睛的弯刀式头灯组，以及用于在高速下散热的可变形小型气动弹性效应风翼，可以降低阻力。强大的自然吸气式发动机百公里加速只需要3秒，陶瓷通风盘式制动器可以在160公里每小时的时速下保持45米内的刹车距离。

458也不仅是为性能所设计的，排气管的设计可以将噪声降低到最低限度，以便降低发动机的噪声，使其悦耳得就像交响乐一样。

内饰方面，再度使用了太空舱式设计，其中许多控制功能集成在类似F1赛车的方向盘上，以及一个车载电脑用以提供如加速率和温度等数据，集实用和时尚为一体。如此强劲有力的一款汽车，它的车载电脑当然也已经预测到轮拱胶过热可能会引起火灾。好在法拉利公司已及时更换了存在隐患的零件，用所有其他车型中的机械连接粘合剂取代。请不要忘记来自伟大的赛车手迈克尔·舒马赫的忠告，任何人钻进法拉利都是一次冒险的开始。

汽车配置

通用性描述：
生产年份：2009~2015
产量：15,000辆左右
均价：250,000美元
今市值估价：190,000~250,000美元
前身车型：法拉利F430
后续车型：法拉利488 GTB

物理性能：
车身尺寸：4515.612mm × mm1920.24mm × 1219.2mm
重量：1290~1430kg

动力：
最高车速：325km/h
百公里加速：3.4s
油耗：11.1L/100km

发动机参数：
气缸数：V形8缸
排量：4.5L
发动机功率：419kW
驱动：后轮驱动

Ferrari 458 ITALIA

法拉利458 Italia

扫码看教程

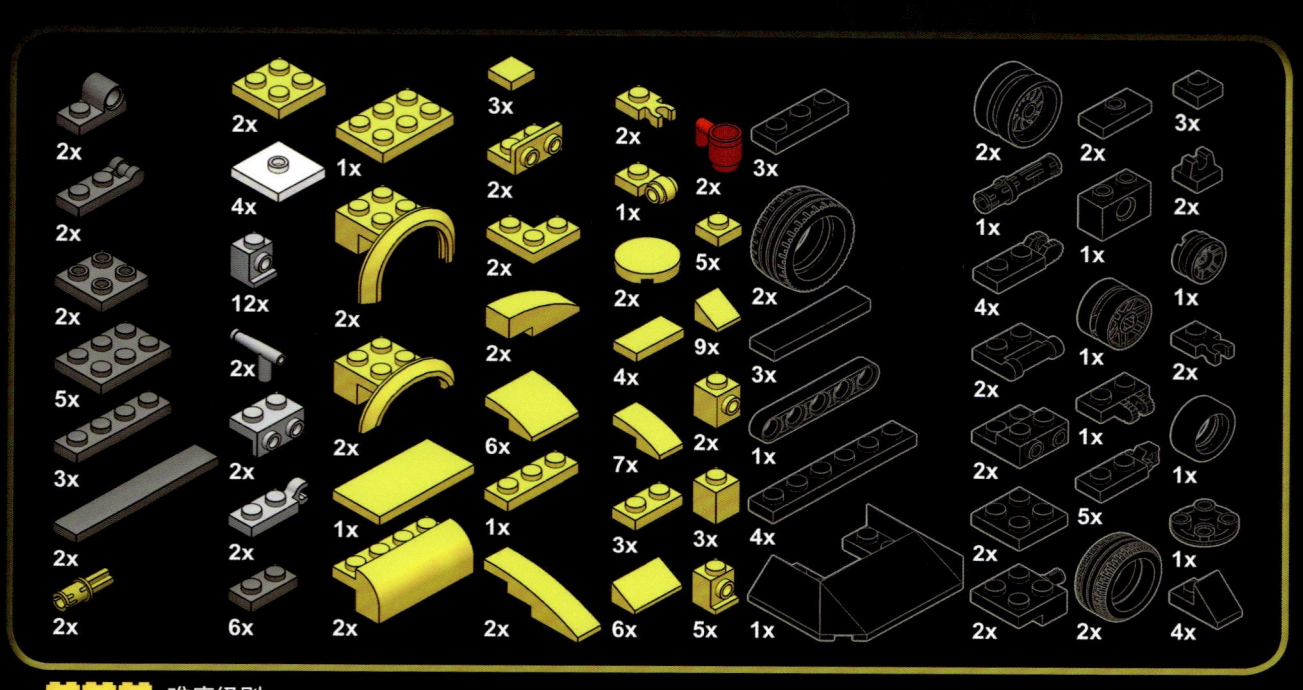

难度级别

Ferrari 458 ITALIA

法拉利458 Italia

1
2
3
4
5
6

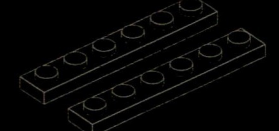

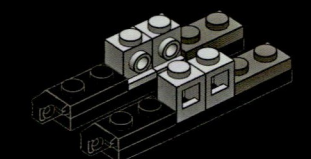

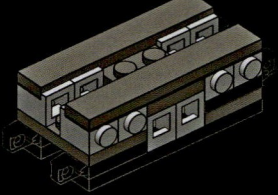

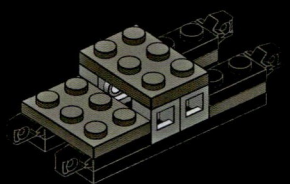

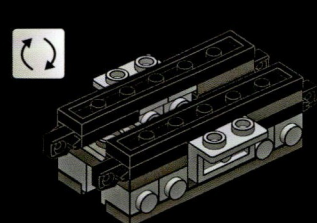

7

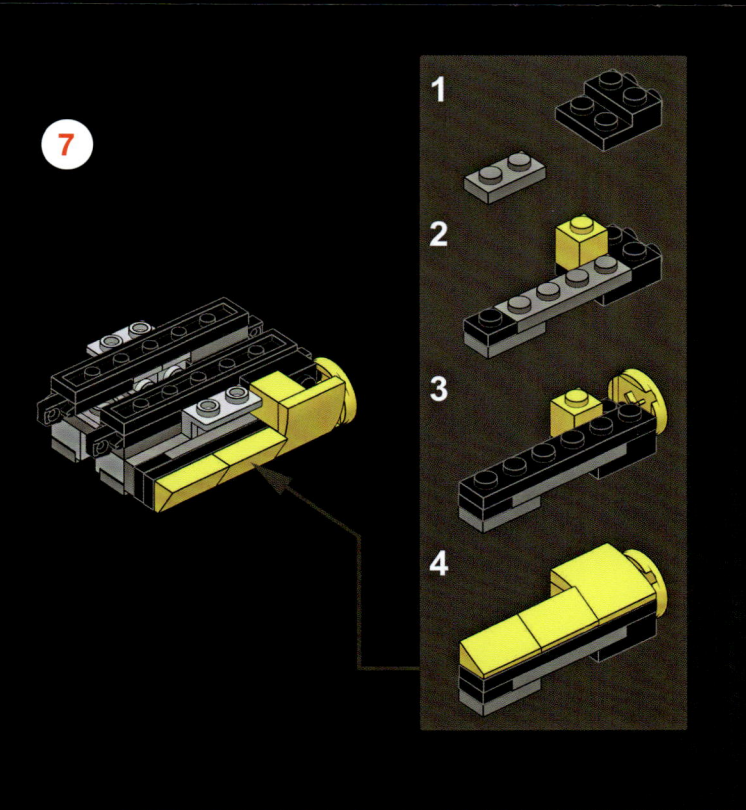

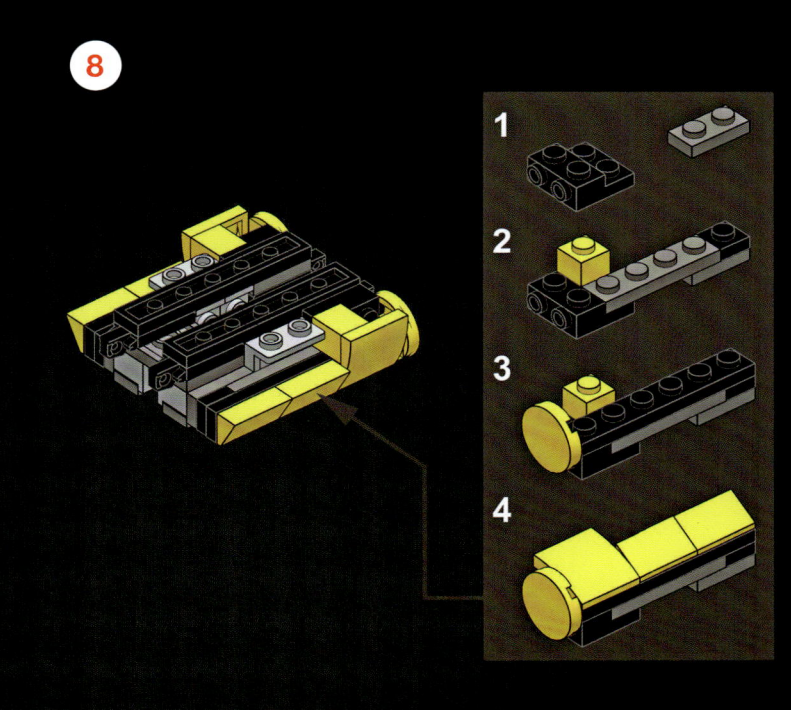

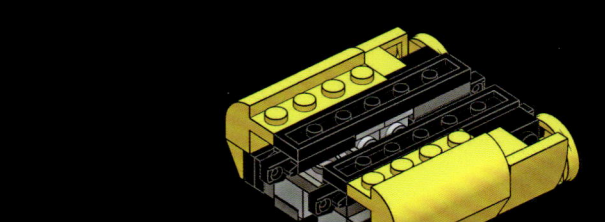

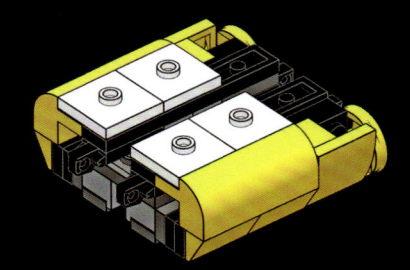

8

9

10

159

11

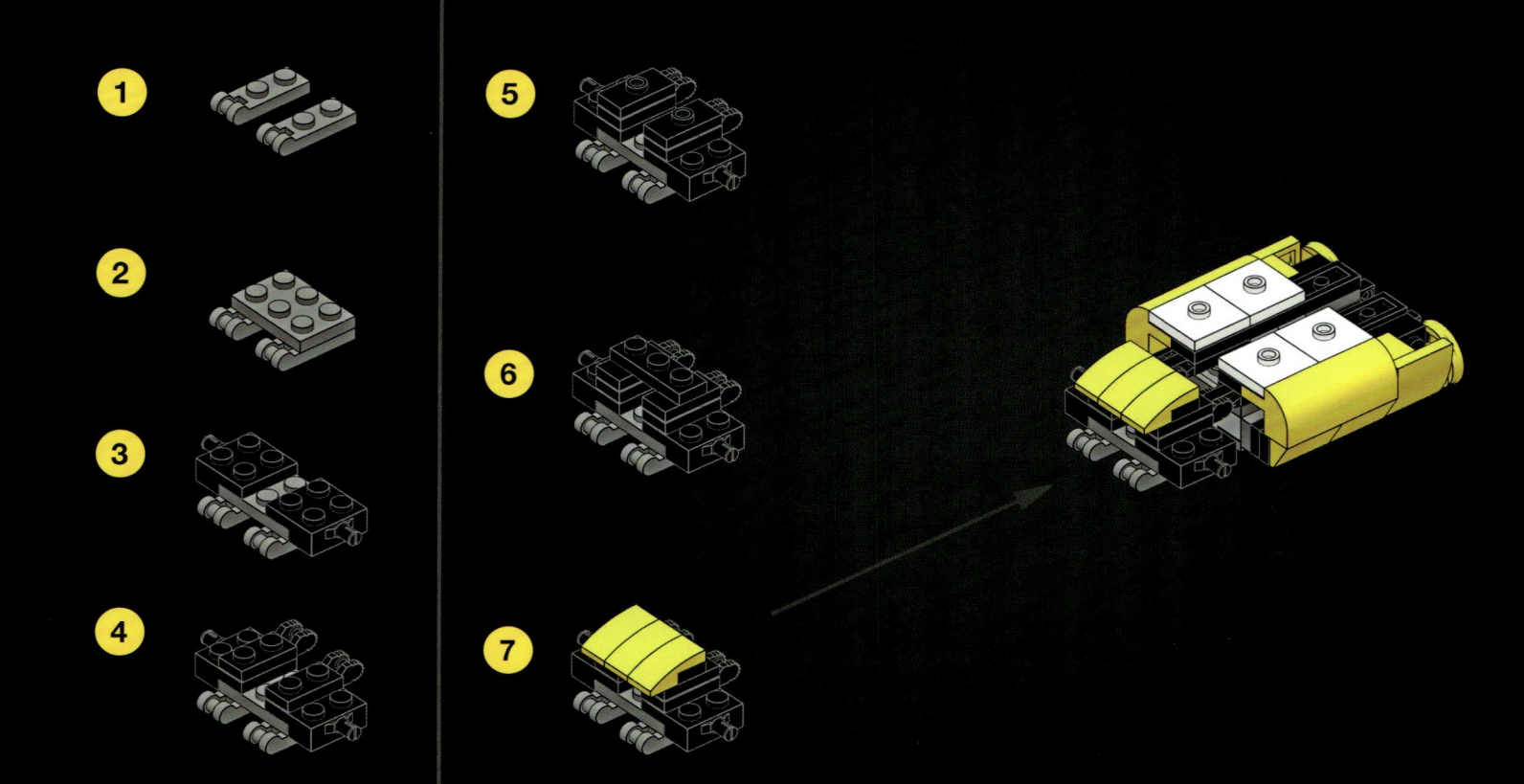

1
2
3
4
5
6
7

12

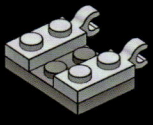

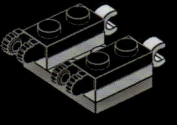

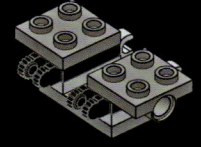

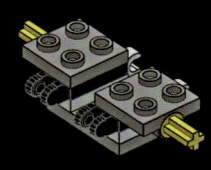

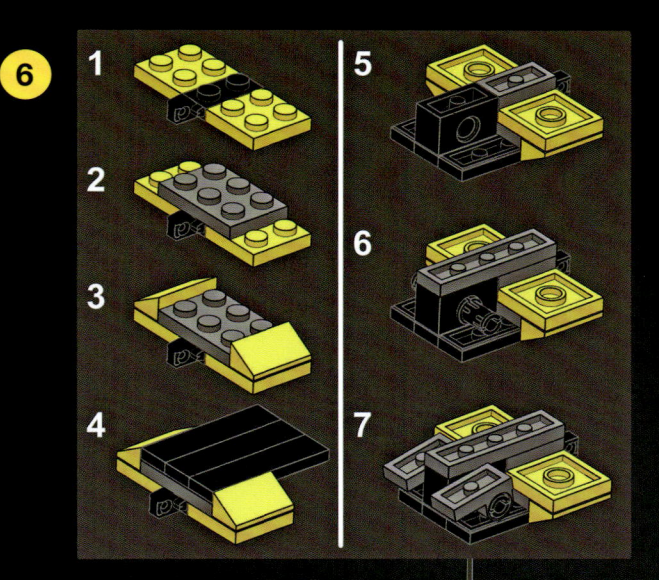

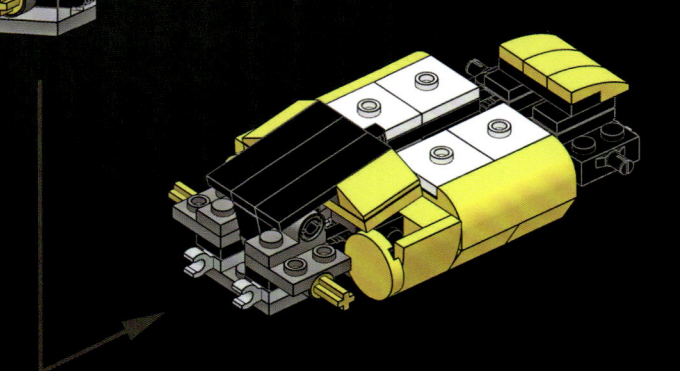

1
2
3
4
5

6
1
2
3
4
5
6
7

161

13

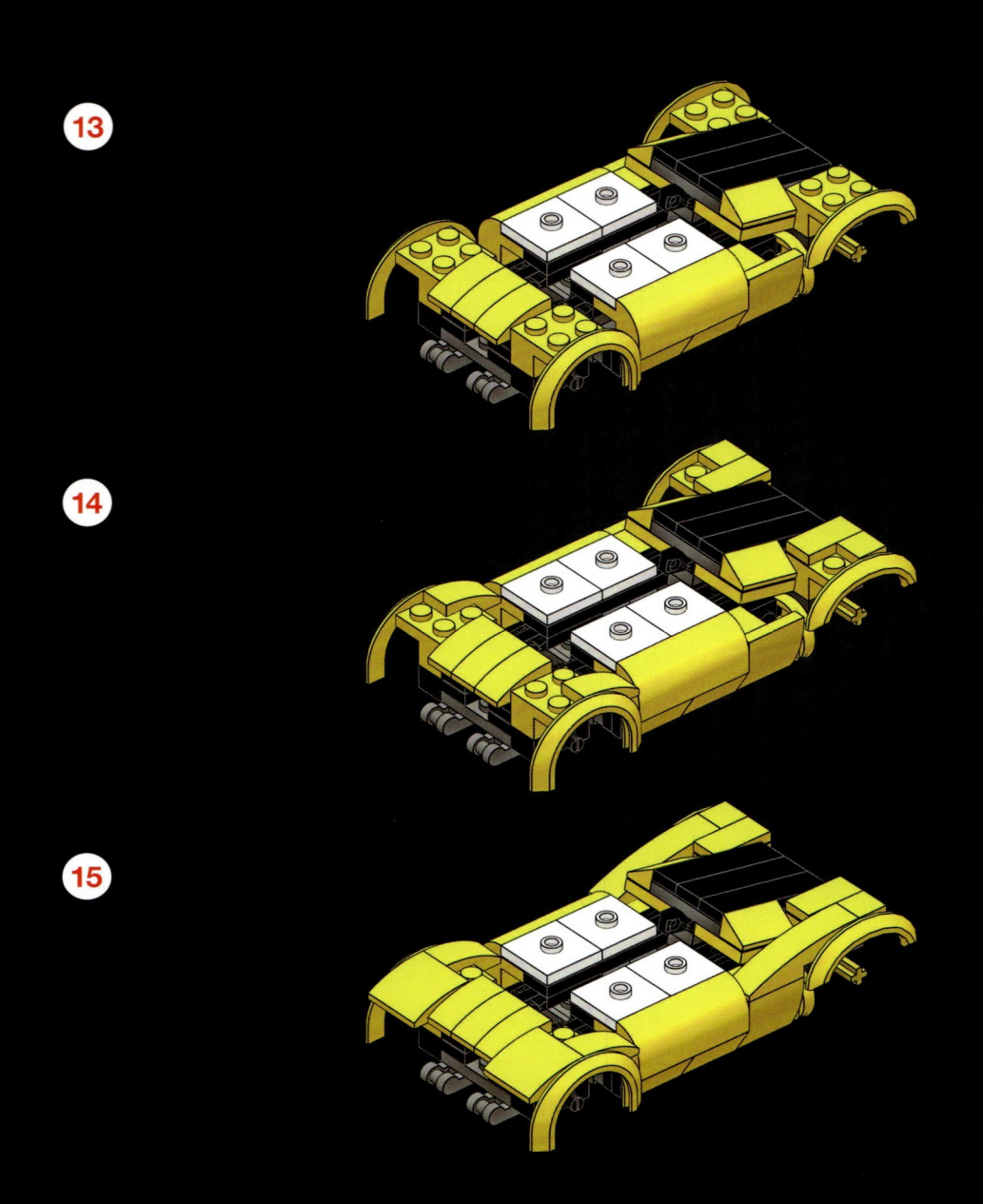

14

15

163

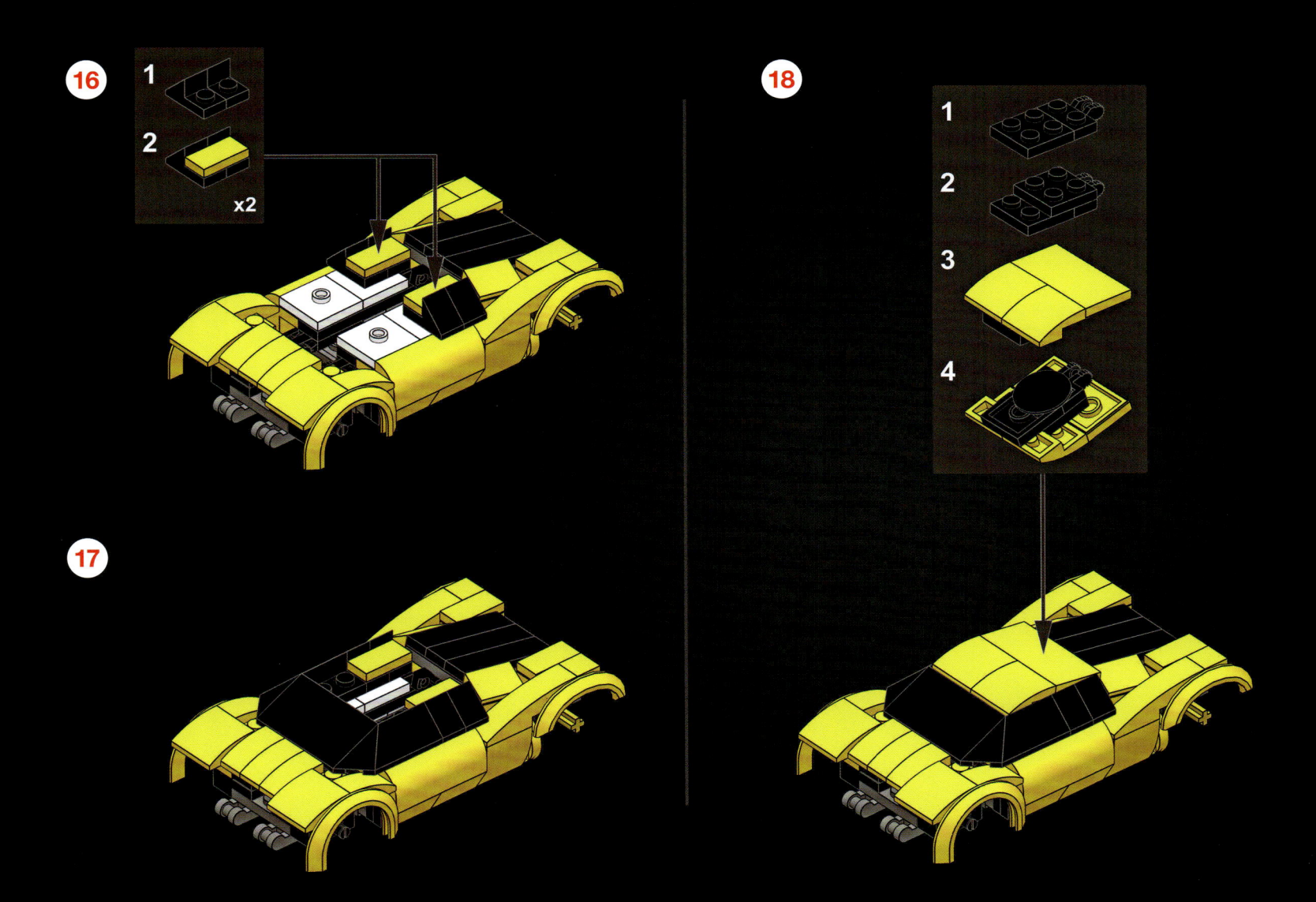

19

165

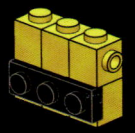

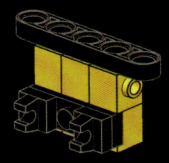

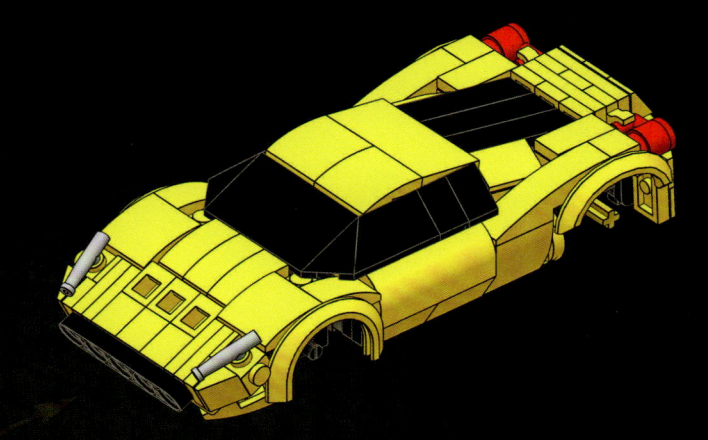

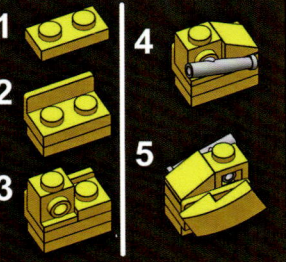

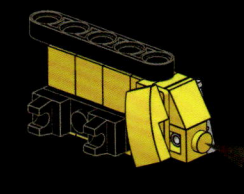

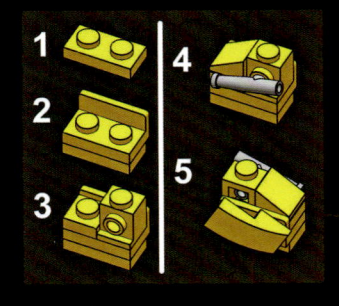

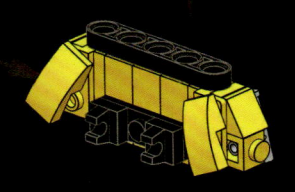

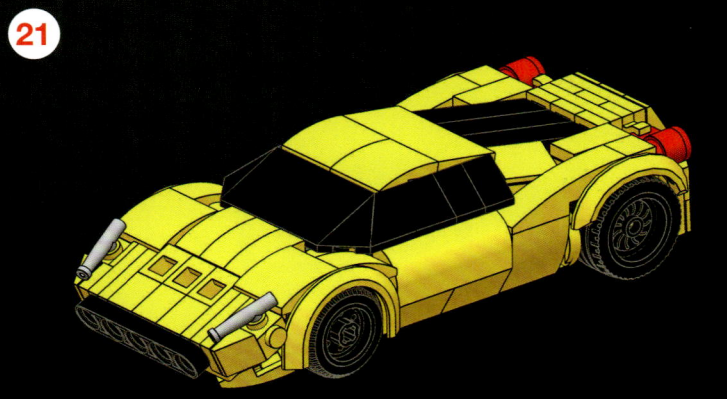

COBRA
427 S/C

谢尔比眼镜蛇427

COBRA 427 S/C
谢尔比眼镜蛇427

品牌故事

如果有一个汽车品牌的故事情节与它的创造者密切相关，那就一定是谢尔比眼镜蛇，由前美国空军飞行员、前世界冠军赛车手卡罗尔·谢尔比（Carroll Shelby）设计和创造，他曾驾驶阿斯顿·马丁赛车赢得1959年勒芒24小时赛胜利。回到美国之后的谢尔比想要制造一辆能够赢得比赛的赛车，他想到了将手工制造的英国汽车车身和美国的发动机结合起来。在1962年，集改装型底盘、英国AC Ace外壳、以及福特的2.6升小型发动机于一身的野马眼镜蛇诞生，并很快在赛道上证明了他的成功。

1965年，尝到胜利甜头的谢尔比用一辆配备了重型4.5升福特大排量427发动机的眼镜蛇427将挑战推向极限，旨在赢得美国汽车比赛协会的赛事。然而该计划因为违反了国际汽车联合会的规定未能实现，留下53辆已经造好的眼镜蛇等待谢尔比处理。也就是这时候，一场革命发生了：既可比赛用又可日常驾驶用的谢尔比眼镜蛇427 SC应运而生。它的悬挂和刹车都被增强，以适应重型福特大排量发动机，并配置了突出的车轮拱，增大的轮辋和轮胎，以及可以释放压缩功率的侧排气管。它引入了超级跑车的概念：动力、速度、性能和质量都十分强大并且卓越非凡。427是收藏家最钟爱的款式之一。谢尔比曾说，赛跑用眼镜蛇与日常驾驶用眼镜蛇的区别在于一脚汽油的踩踏程度。他诠释了美国梦典型的自由精神。在电影《飙车热情》（The Gumball Rally）中眼镜蛇与法拉利有一场对峙的戏码，引起了极大的轰动，一举成名。

汽车配置

通用性描述：
生产年份：1965~1967
产量：53辆
均价：9,500美元
今市值估价：1,500,000 ~2,400,000美元
前身车型：AC Ace
后续车型：AC Mk IV

物理性能：
车身尺寸：3962.4mm × 1706.88mm × 1219.2mm
重量：1035kg

动力：
最高车速：262km/h
百公里加速：4.2s
油耗：21.3L/100km

发动机参数：
气缸数：V形8缸
排量：4.5L
发动机功率：316kW
驱动：后轮驱动

COBRA
427 S/C

谢尔比眼镜蛇427

扫码看教程

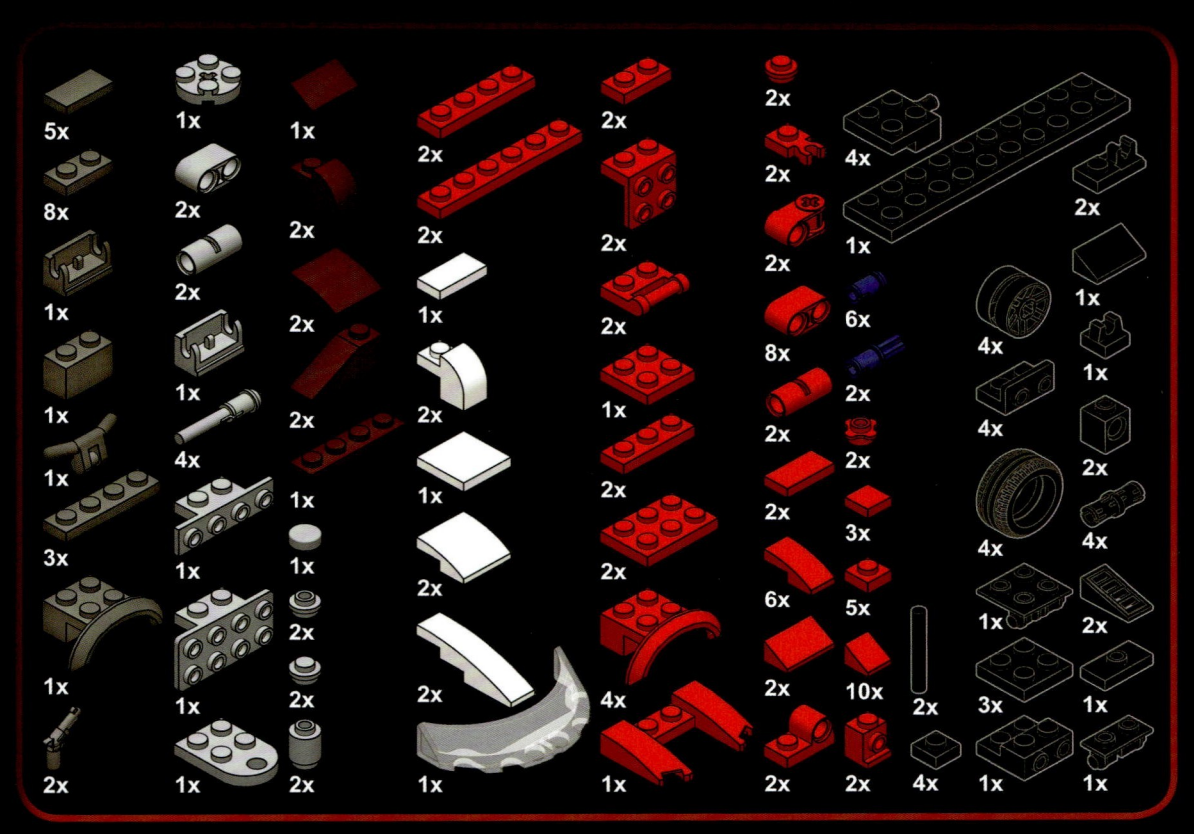

难度级别

COBRA
427 S/C

谢尔比眼镜蛇427

1
2
3
4
5

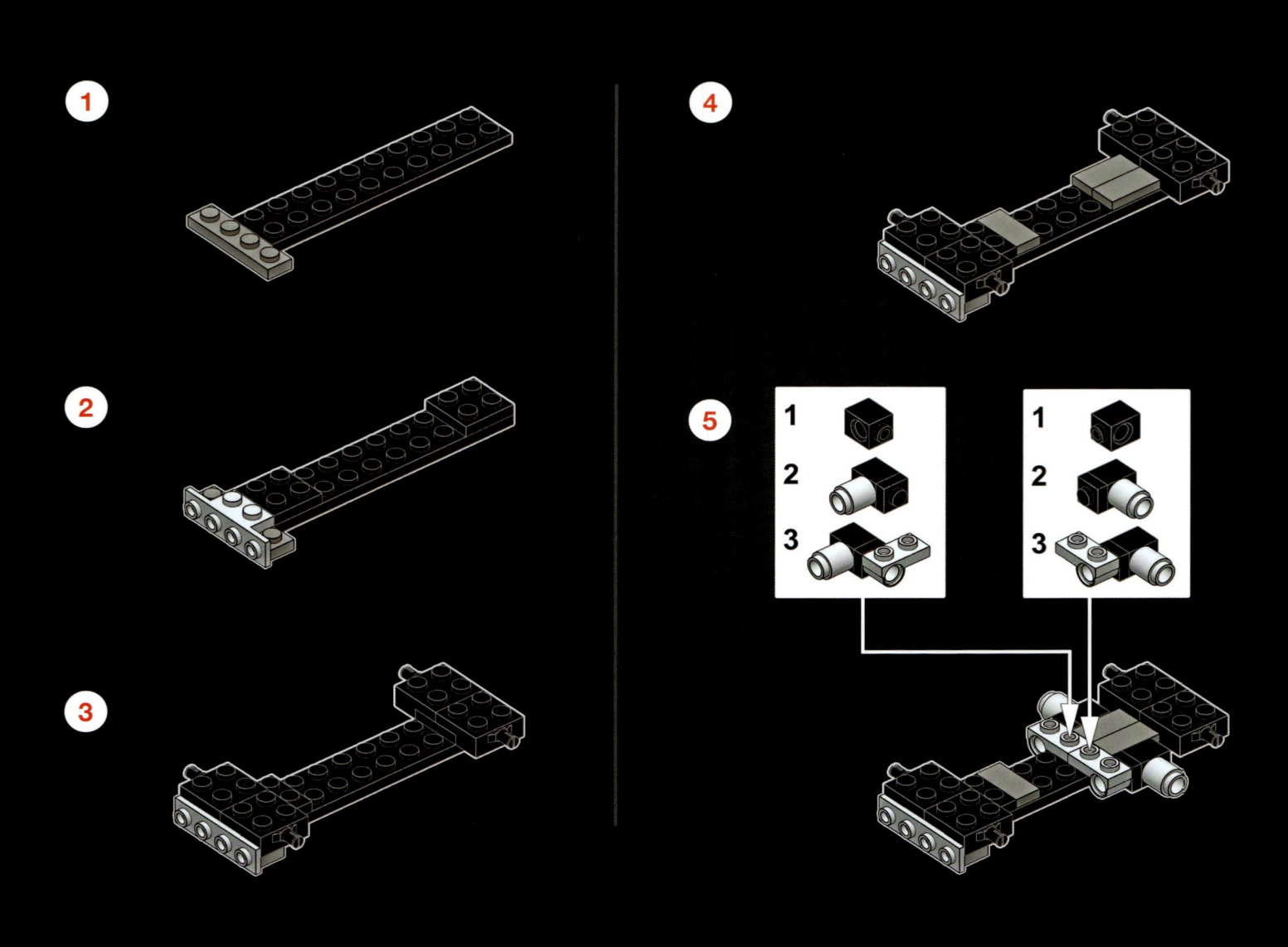

171

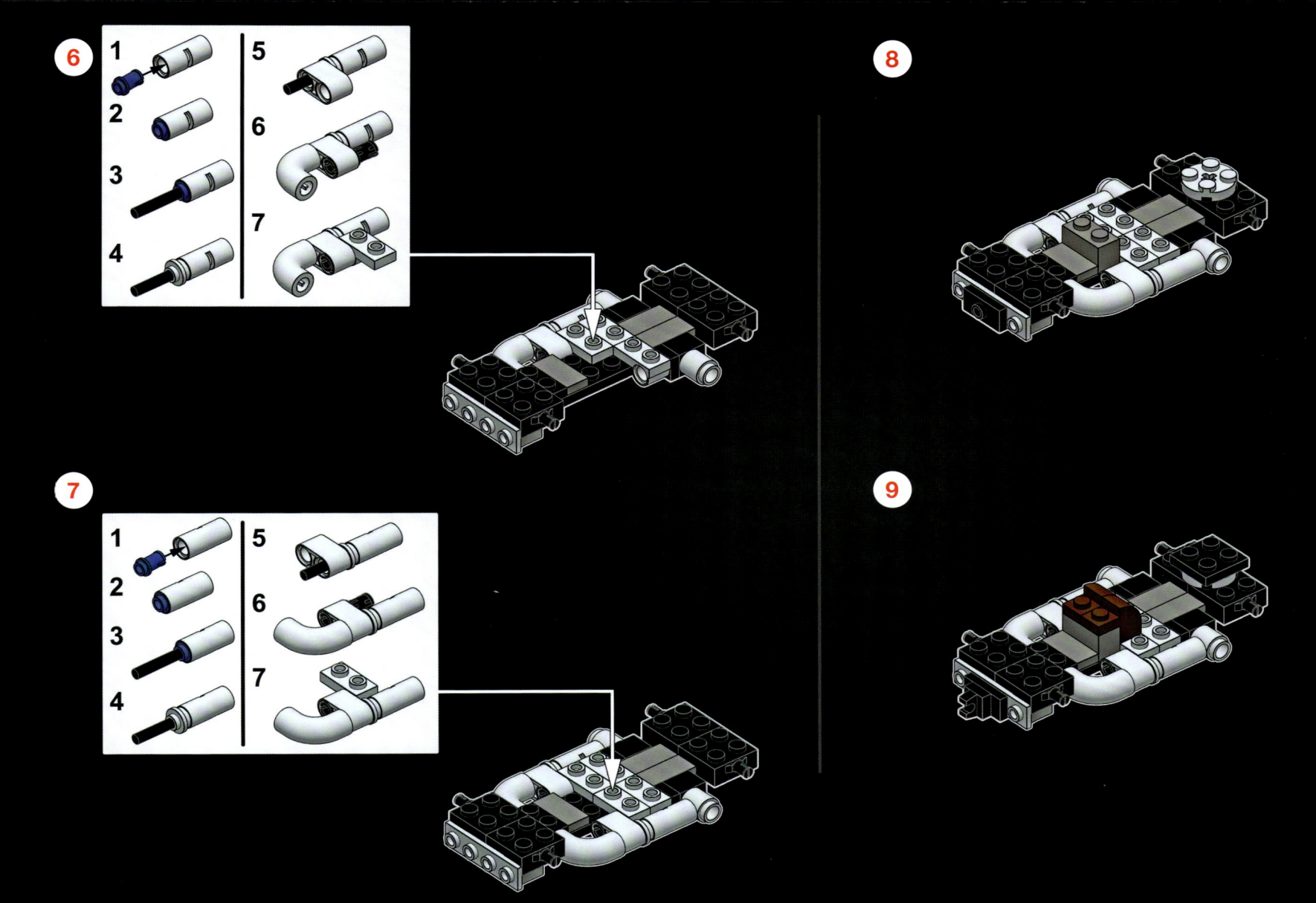

10

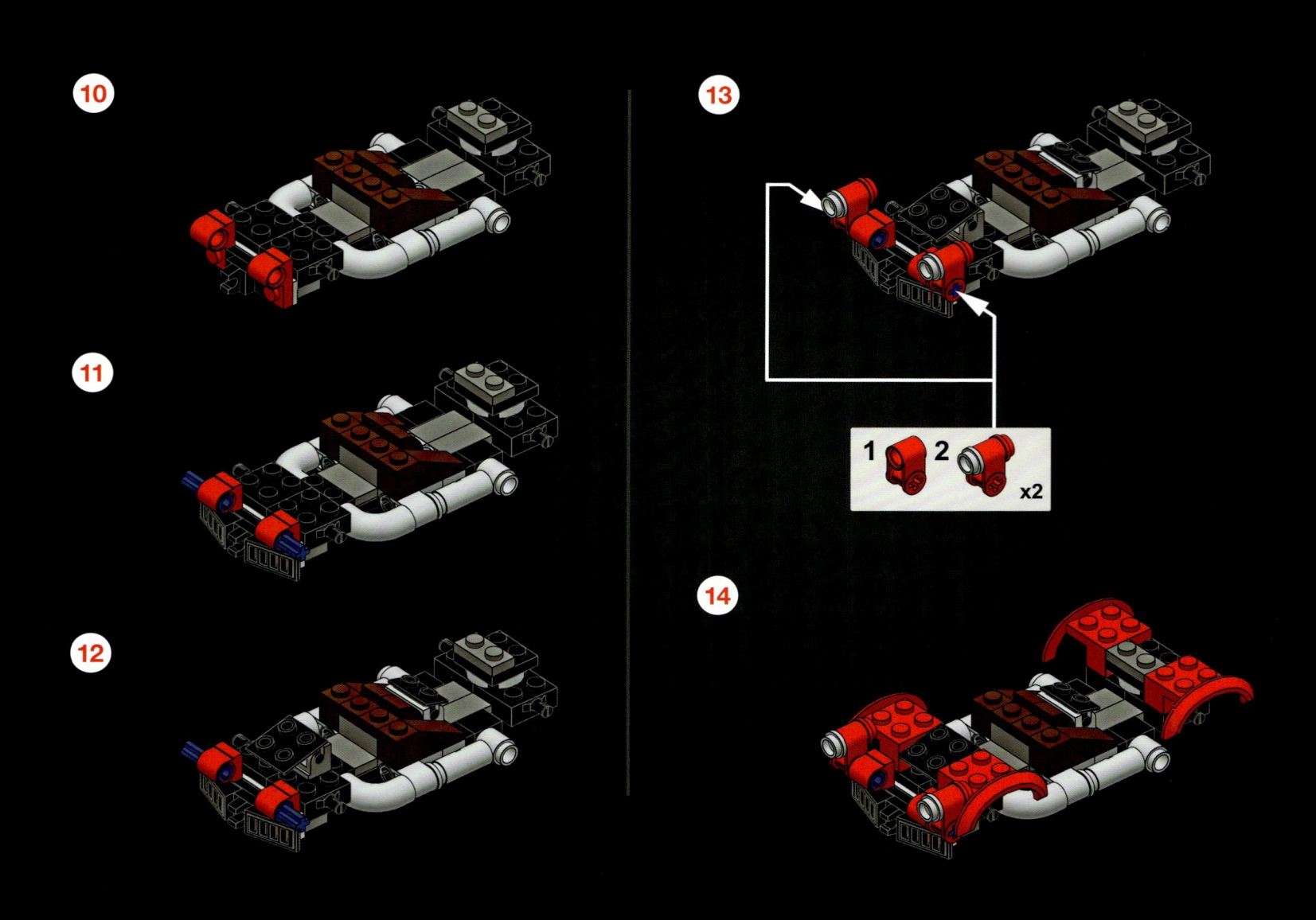

11

12

13

1 2 x2

14

15

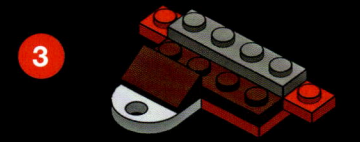

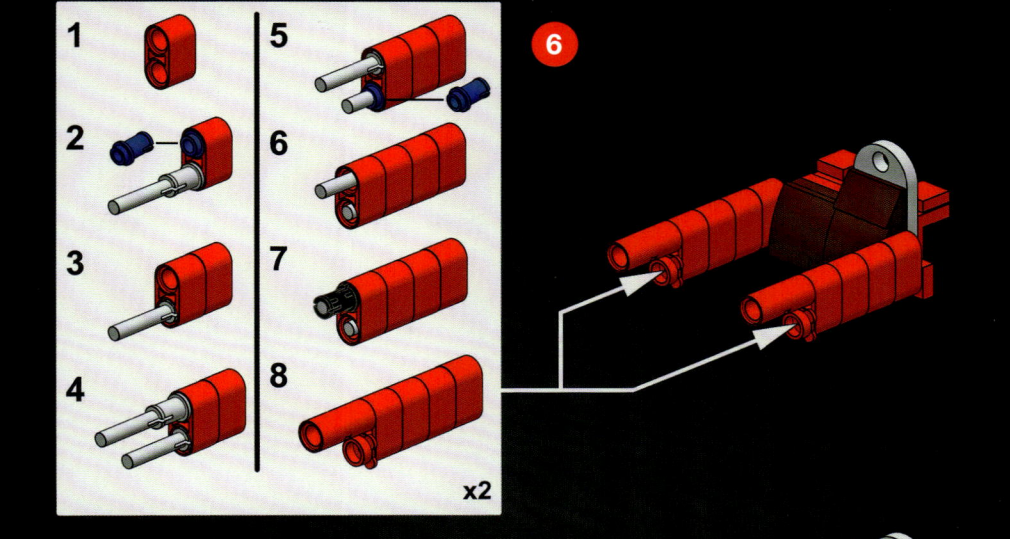

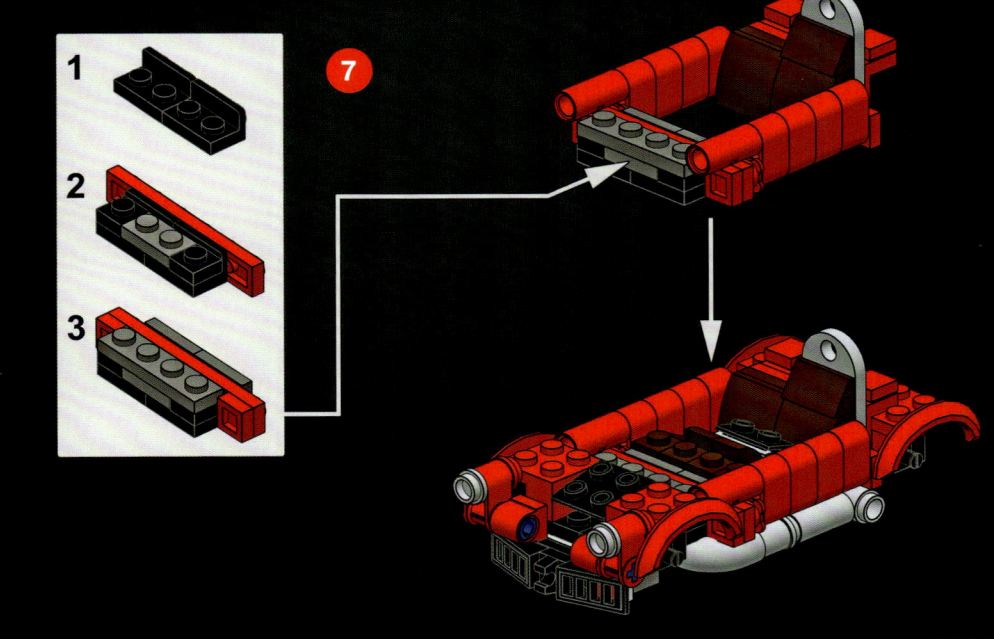

173

16

17

18

19

20

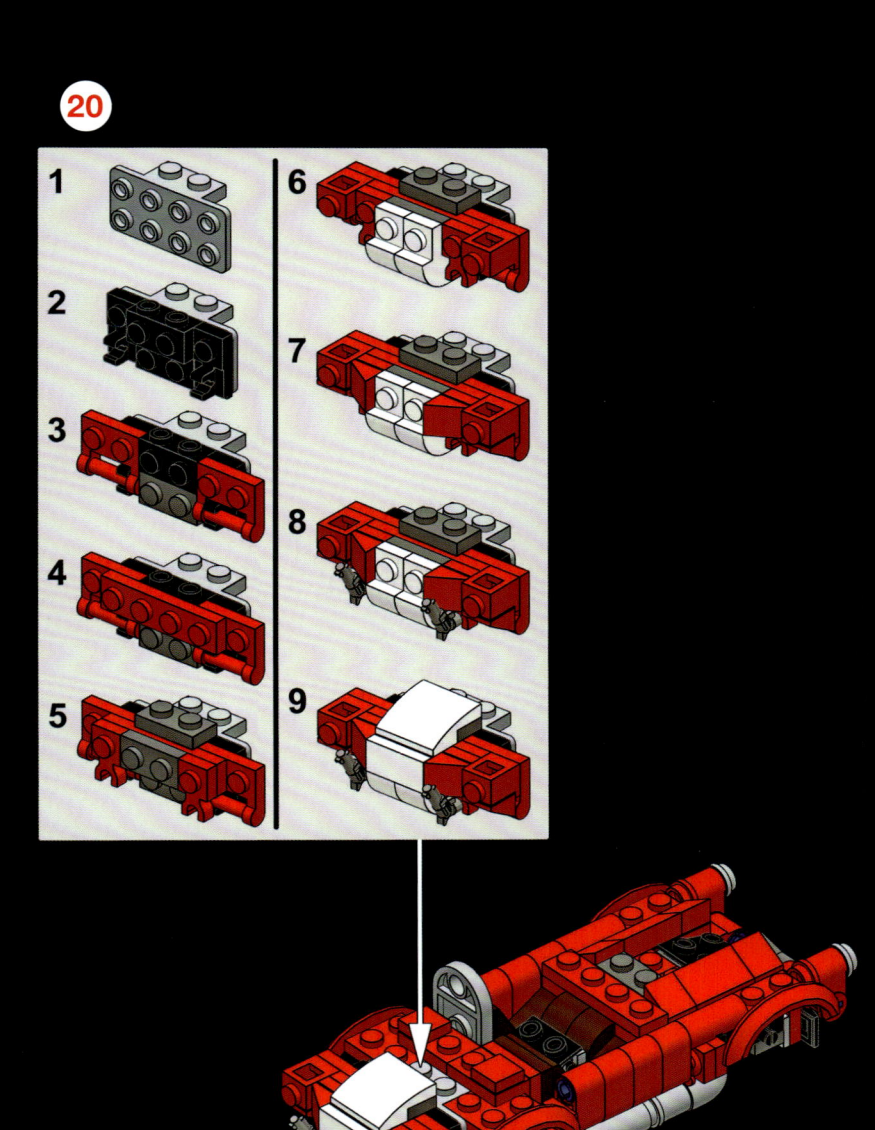

1
2
3
4
5
6
7
8
9

21

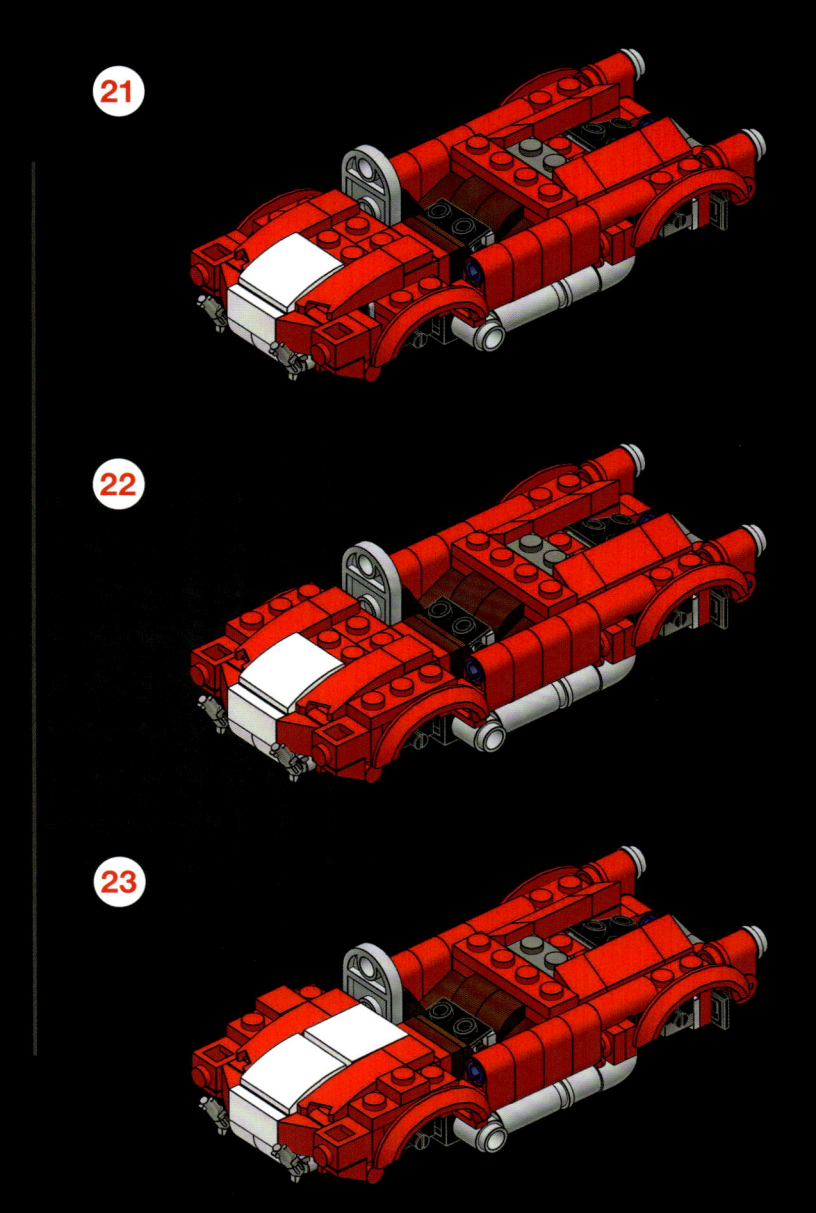

22

23

175

24

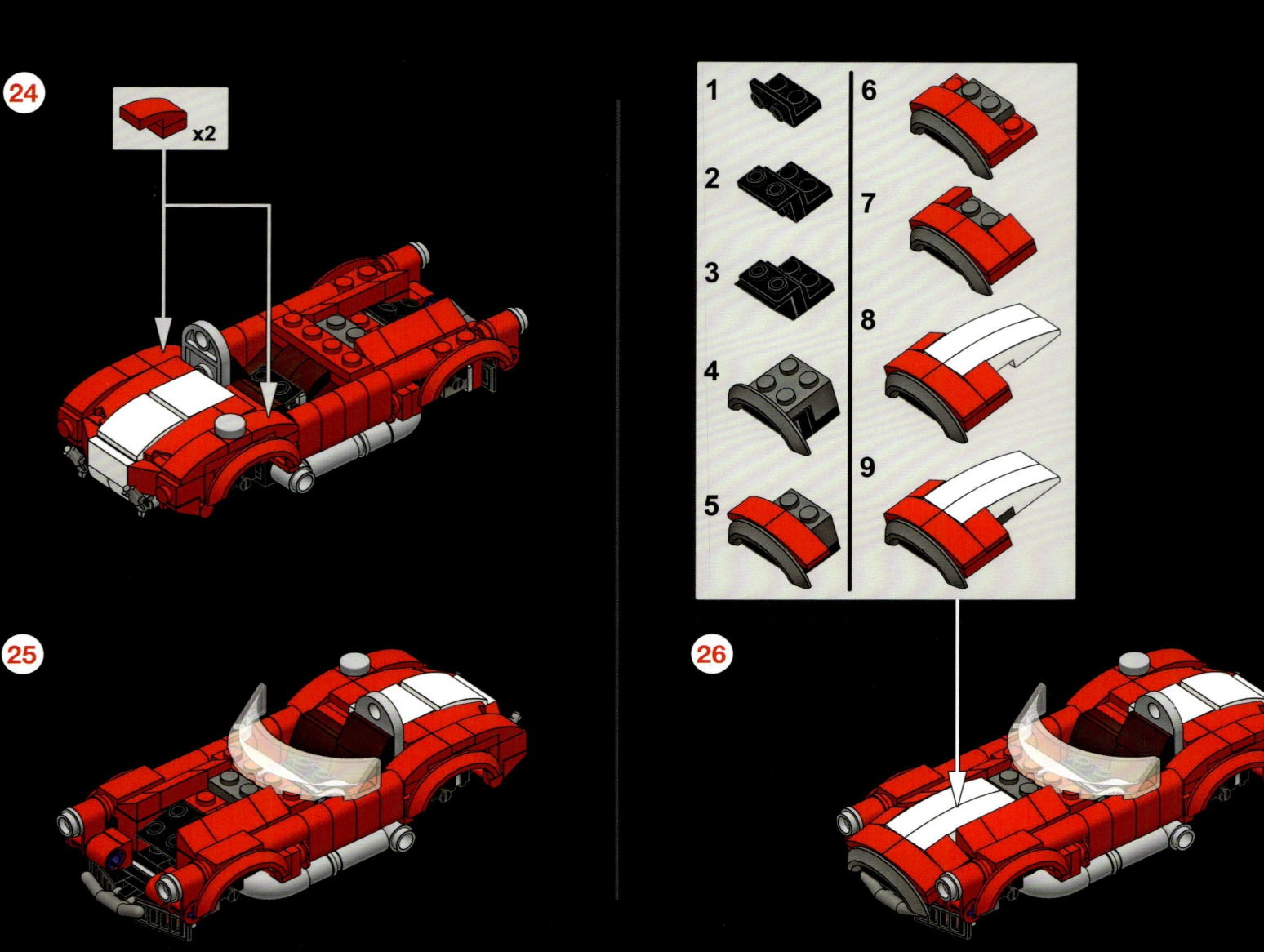

25

26

27

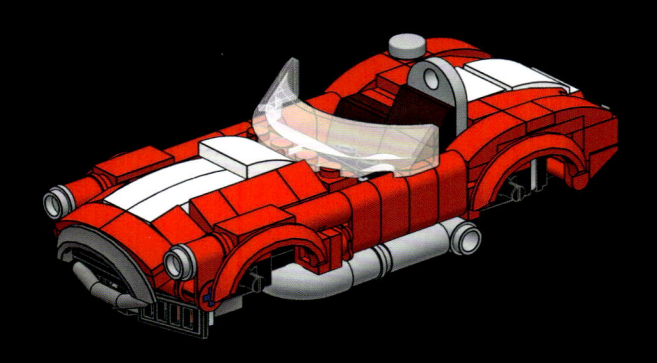

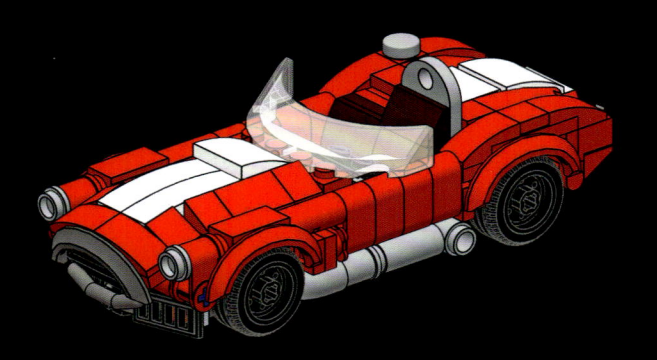

28

B 小彩蛋

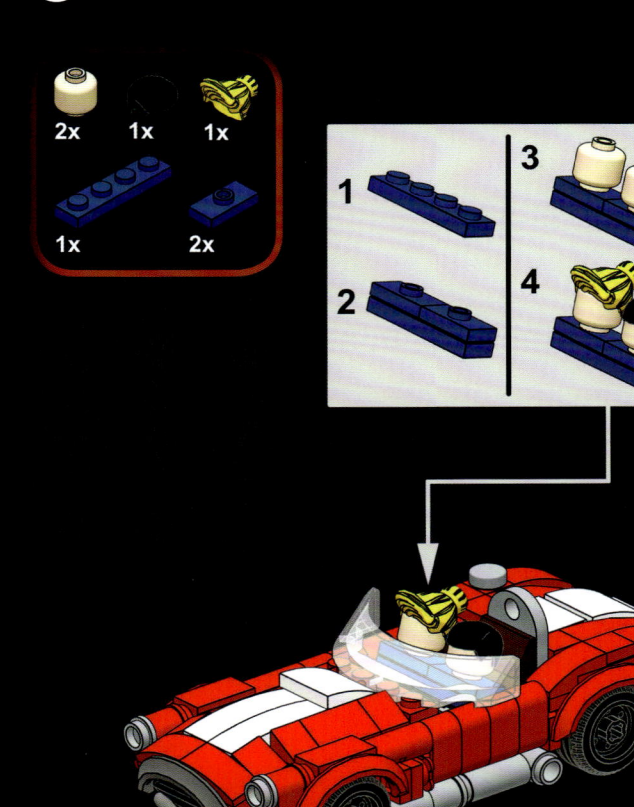

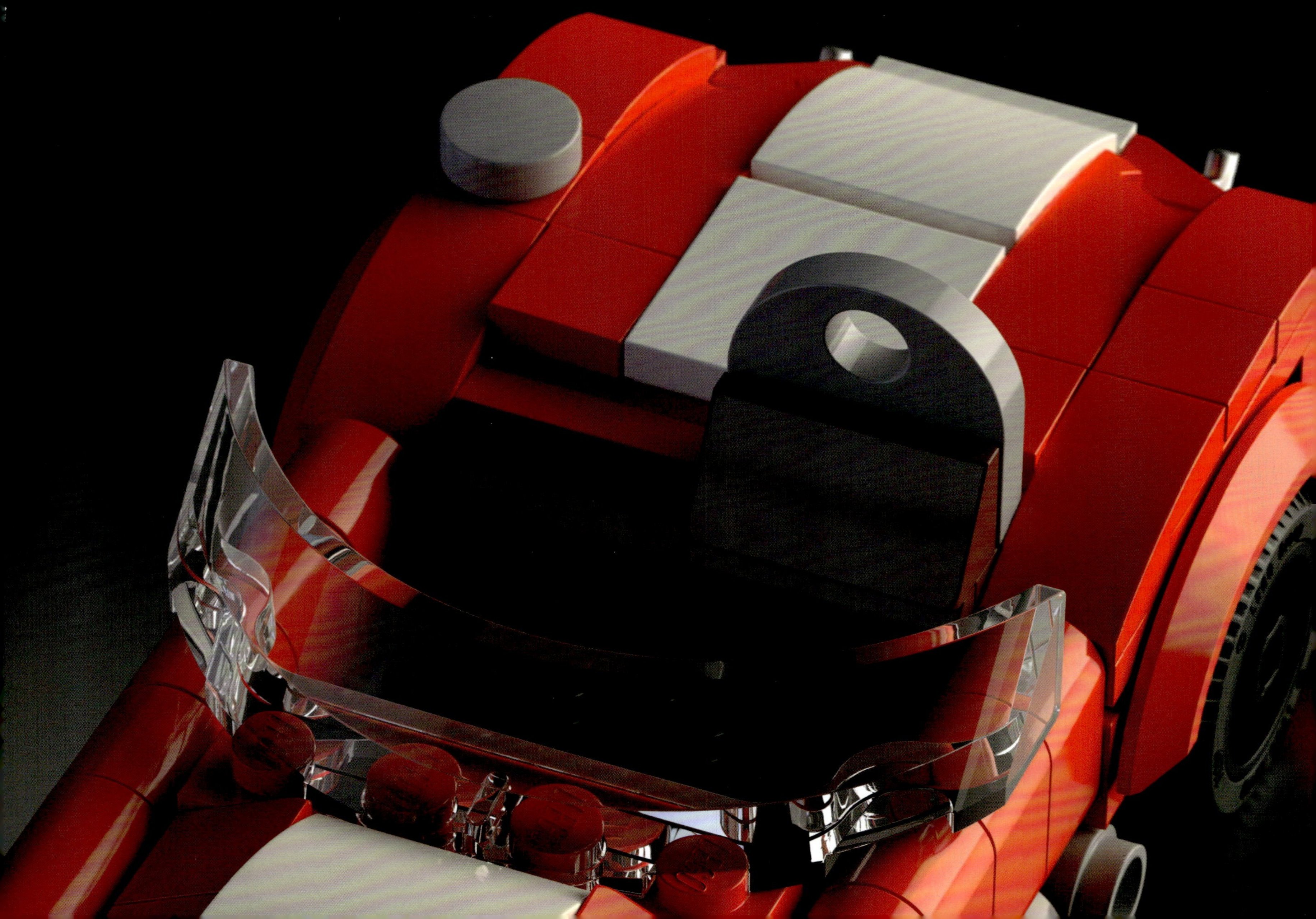

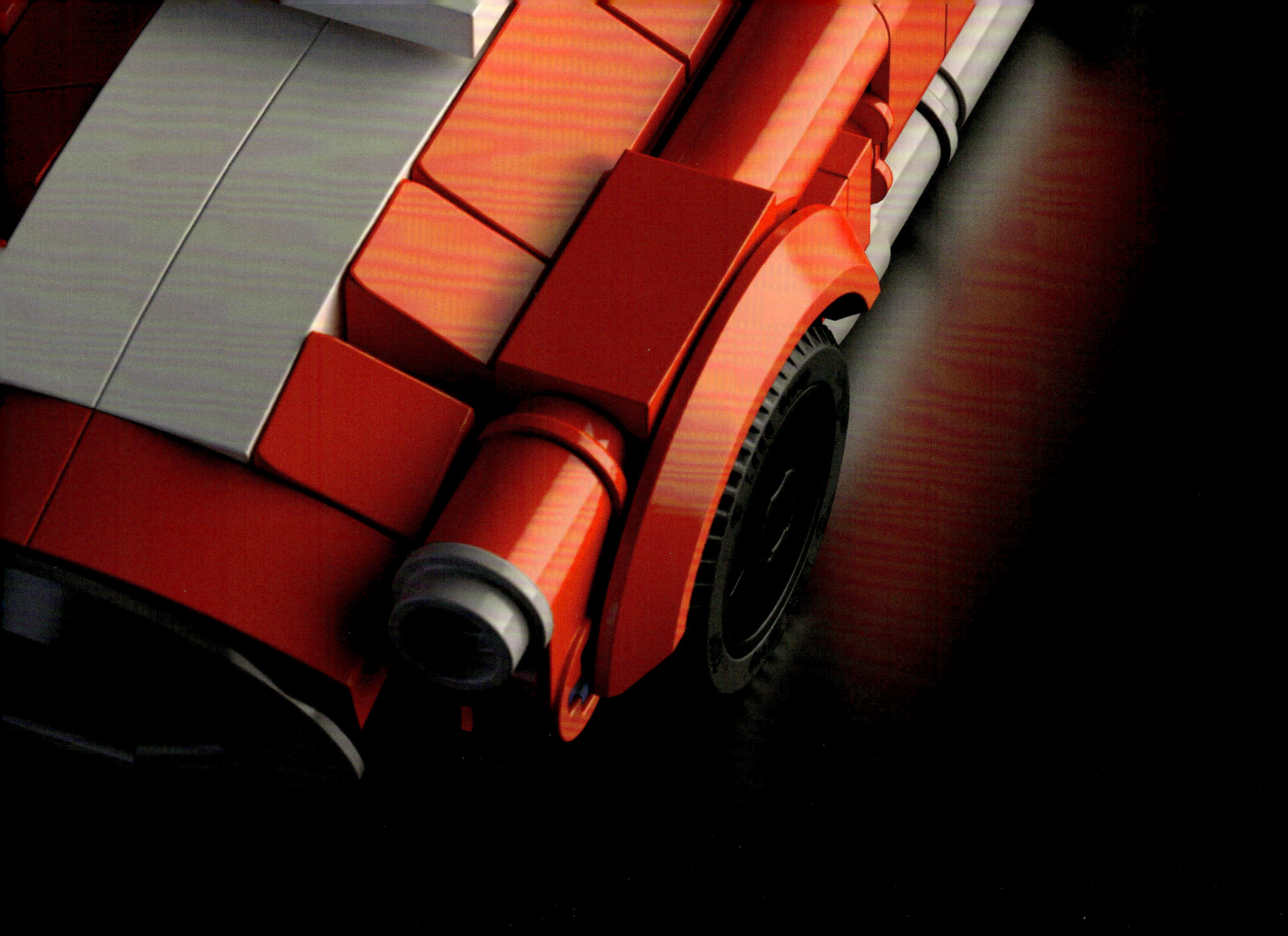

支持和调理合

所需配件

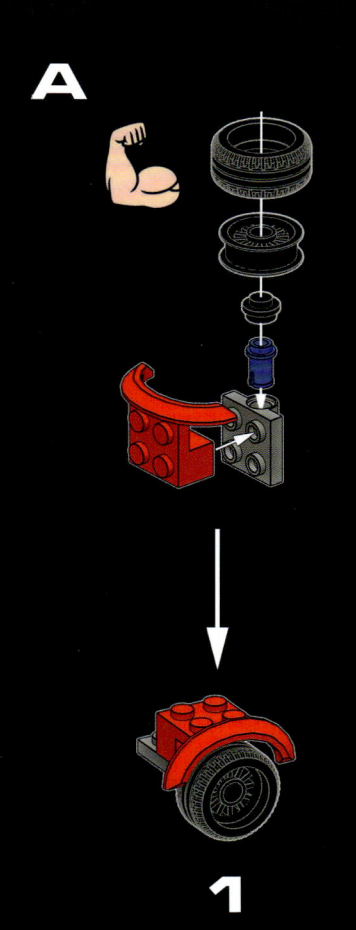

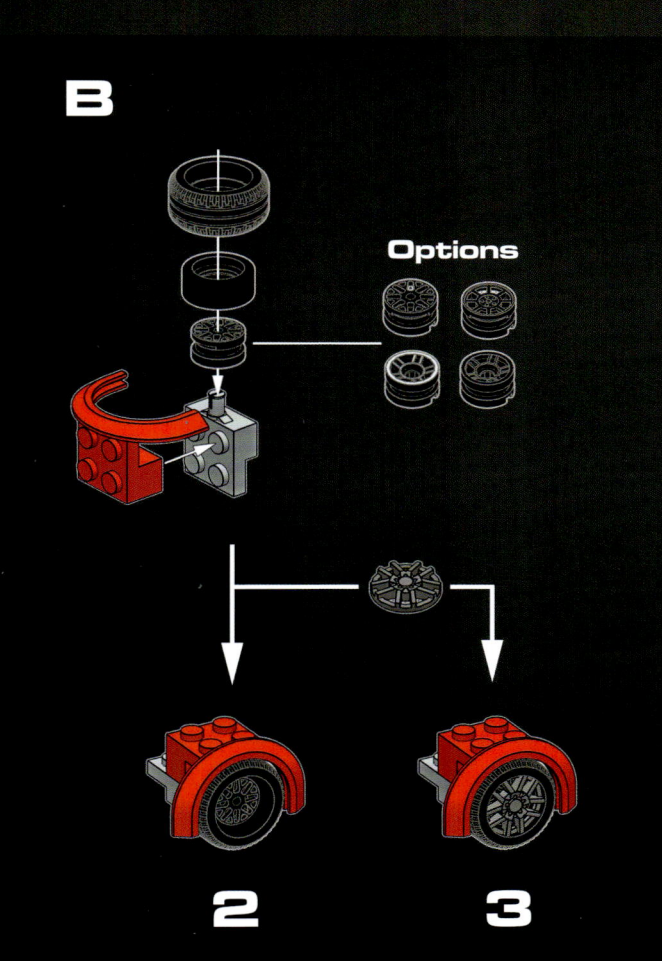

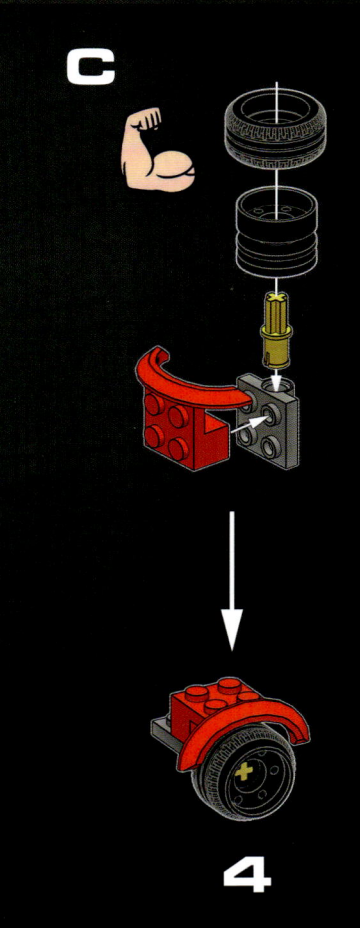

- 30155
- 11209
- 93595
- 50951
- 50944
- 93593
- 30155
- 55982

A

B Options

C

1 **2** **3** **4**